Primita,
La vida es un milagro
cada despertar.
Cuídala, porque tu
presencia nos hace
muy felices a MUCHAS
personas en este mundo!.

Te quiero,

Cáncer, un regalo mal empacado

Lina Hinestroza

Cómo superarlo
desde el amor
y el bienestar

ISBN: 978-628-7544-86-4

Coordinador editorial:
Mauricio Duque Molano
Asesoría editorial:
Patricia Rosas-Godoy y Maricarmen Cervelli N.
Edición:
Juana Restrepo Díaz
Diseño y diagramación:
Paula Andrea Gutiérrez R.
Fotografía de cubierta:
@camaralucida
Fotografía de solapa:
Germán Velásquez

Impreso en Colombia, mayo de 2023
Impreso por Quad Graphics Colombia S.A.S.

A mi esposo y mis hijos,
mi luz en medio de la oscuridad

Contenido

Prólogo

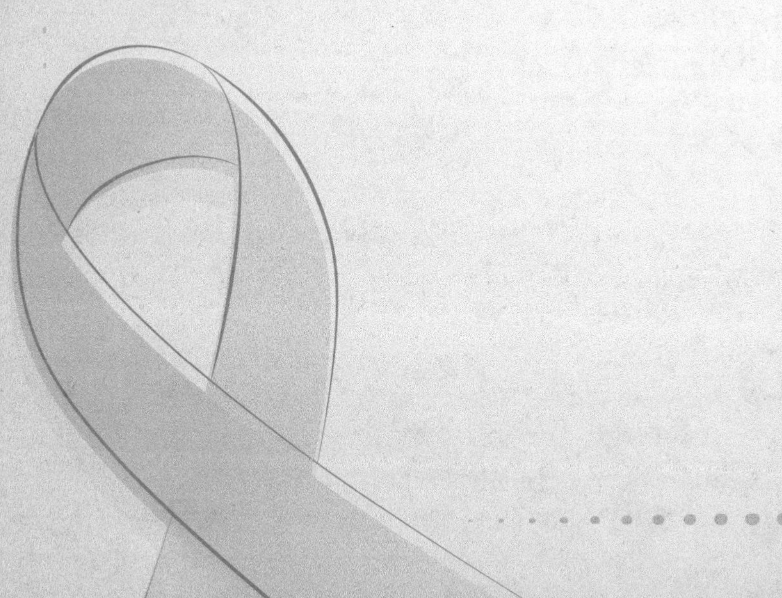

Conocí a Lina, hace más de veinte años, cuando era gerente de una editorial en Medellín en la cual empecé a publicar mis libros. Desde el comienzo tuvimos una buena relación. No existe la palabra me "amisté" para referirse a la amistad, como sí existe me enamoré para el amor. Pero a veces ocurre algo extraordinario: "amistad casi a primera vista". ¿Qué la produce?: quizás un gesto, una sonrisa, un chiste, una coincidencia, en fin, el estilo de relacionarse, uno hace clic. Eso ocurrió con ella y aún ocurre.

Pese a mi amistad con Lina, trataré de ser lo menos subjetivo posible al referirme a este libro. Debo reconocer que, a medida que uno va recorriendo el texto, es imposible desprenderse de quien es ella, y esto se debe a que *El cáncer, un regalo mal empacado*, es ella. De punta a punta. Desde la primera página hasta la última.

Lina es una persona que posee muchas virtudes, en este libro afloran dos en especial: la honestidad y un pragmatismo especialmente inteligente. Me consta que todo lo que aquí se dice fue así, tal cual está escrito. Sin anestesia. Realismo en estado puro, casi feroz. De acuerdo con mi experiencia de tantos años como terapeuta, solo ver las cosas como son, sin sesgos y autoengaños, ayuda y nos hace crecer. Se le atribuye a Buda lo siguiente: "Ven y mira". No dice: ven e interpreta, inventa, distorsiona. Lo que es, sin analgésicos, con la verdad de quien está sufriendo.

En cada capítulo hay una serie de lucidez que nos llega con fuerza. No es un impacto solo para las personas que padecen cáncer de mama, sino una experiencia vital que le hace frente al sufrimiento, no importa si estás o no enfermo o enferma. A medida que uno se mete en la lectura, encuentra una forma clara de analizar y detallar el viaje por un camino escarpado y difícil, que no es otra cosa que la manifestación de un *espíritu de lucha*, que ella testimonia, por momentos, con una naturalidad sorprendente.

No es teórico, ni son elucubraciones científicas o conceptos complejos, es experiencia concentrada. En estado puro. Aspectos de un padecimiento, explicados desde un lugar donde habitan los guerreros y las guerreras.

El paso a paso de la travesía angustiante y la forma de afrontarla se sienten. No pasan desapercibidos. Hay que leerlo con el corazón en la mano.

El pelo, las uñas, la familia, la muerte, la vida no vivida, el miedo y, como esquema general, la relación con ella misma, con los demás y con el universo, se entremezclan en el contexto de una incertidumbre literalmente "mortal". Es casi que un manual de cómo pasar de un dolor destructivo a uno constructivo. De cómo transformar la adversidad, en un crecimiento postraumático, aunque se sufra hasta la médula... Por más resiliente que sea una persona, siempre habrá dolor ante una situación estresante que parece escapar de su control.

Es que no se habla de cualquier cosa, sino de la existencia misma: cuando un peligro te acecha y pretende arrancar de cuajo tu subsistencia, y alejarte de los que amas.

Aquí se manifiesta una visión desde dentro, clara y, como dije, franca. Agregaría también que es espontánea. El carácter testimonial del texto le otorga una validez indiscutible y, sobre todo, una herramienta especialmente útil para todos aquellos que pasaron o están pasando por algo parecido. La sensación que posiblemente quede en un lector víctima del cáncer es: *no estás sola o solo en esto.*

Un aspecto fundamental para destacar es el cambio en la visión del mundo que Lina expone muy bien, luego de una situación límite: la percepción cambia, tu juicio de valor no es el mismo, tus principios se reacomodan, lo que era imprescindible se vuelve prescindible y aprendes a estar dispuesto o dispuesta a la pérdida. Es como salir de una pandemia personalizada, es descubrir la propia fragilidad y separar, de una vez por todas, lo que vale la pena de lo que no.

Por eso, además de ser un libro bien escrito y organizado, es una muestra completa de la manera de encarar una situación que pensamos que a nosotros no nos va a pasar... Lina deja muy claro sus vulnerabilidades y sus temores. No es una heroína, es alguien valiente que enfrenta el miedo con miedo. Alguien decía una vez, que el héroe es aquel que solo aguanta el miedo cinco minutos más que los demás. La valentía no es ausencia de temor, sino hacerle frente, así te tiemble hasta el ama.

También queda claro que, aunque ciertas situaciones afectan y transforman tu cuerpo y tu mente, es posible mantener una aceptación incondicional de uno mismo o una misma, es decir, consiguen aporrear la autoestima, pero no tu ser.

¿Cómo pudo Lina tener este desenlace positivo? No podemos decirlo con exactitud, las variables que intervienen son muchas, pero retomando lo que se sabe científicamente en psicología, yo diría que influyeron tres factores que conforman una *personalidad resistente*. Creo que Lina los ha tenido desde siempre, pero lo interesante es que se pueden adquirir. Alguien capaz de resistir se caracteriza por comprometerse con lo que hace, por sentir que puede controlar los eventos y por considerar las situaciones difíciles como un reto. Así la depresión asome y la ansiedad trate de que escapes o te des por vencido o vencida, hay una persistencia vital, como si la vida insistiera en mantenerte respirando.

Eso vemos en este libro: la capacidad de levantarse cuando te tumban y seguir levantándote una y otra vez. Con cada golpe que recibía, Lina se ponía de pie. No deponía sus armas, no las entregaba, lo que la movía era la testarudez de seguir viva. Una bella "testarudez", inspirada por unos nietos que aún no han nacido y por querer seguir abrazada a sus seres queridos.

Recomiendo sinceramente este libro. No quedarás igual después de leerlo. Y aprenderás, entre otras cosas, que la alegría de existir puede convertirse en un factor de inmunidad o de curación.

Lina, con su ejemplo, nos indica un camino, aunque cada uno debe inventar de qué manera andará por él. Cada uno tiene un estilo personal para administrar el coraje y la esperanza que impulsan a seguir adelante. Así que, bienvenido, bienvenida: *un regalo mal empacado*.

WALTER RISO
Barcelona,
20 de diciembre de 2022

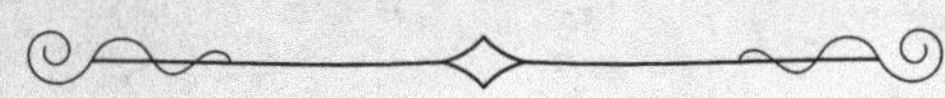

Introducción

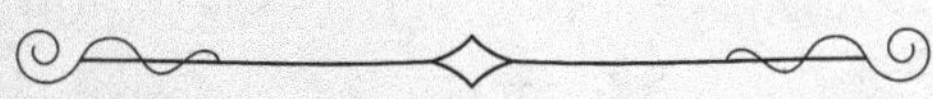

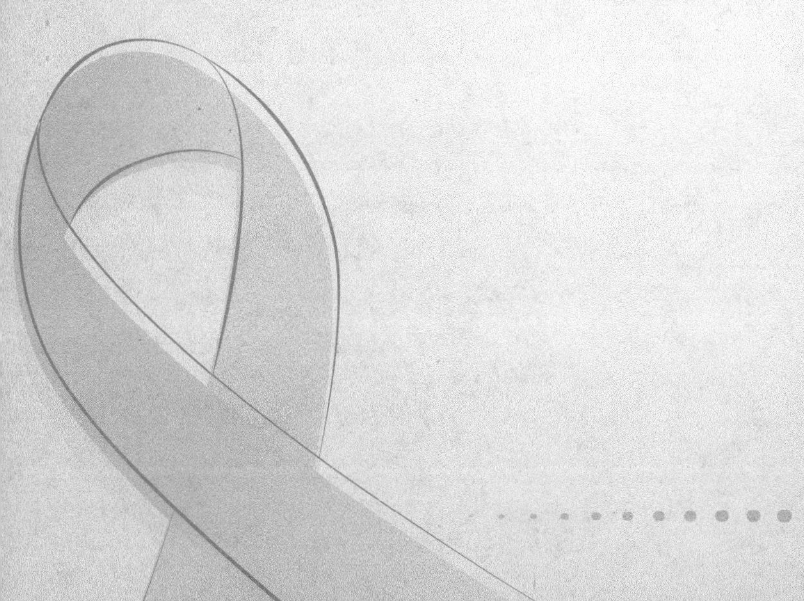

Hoy cuando abrí mis ojos agradecí
poder respirar, eso me hace sentir viva.

Hoy cuando abrí mis ojos agradecí
respirar sin sentir dolor, eso me hace sentir sana.

El 15 de agosto del 2013 recibí una noticia que transformó mi vida: "Tienes cáncer", me dijeron. Una enfermedad que está asociada con dolor, angustia, desesperanza. Una enfermedad que despierta nuestros peores miedos. Una enfermedad que está relacionada con la muerte, con el final.

¡Dios mío! Uno siente que el mundo se derrumba y, como en una película, pasan mil cosas por la cabeza: lo que has venido posponiendo, lo que falta por vivir, lo que quisieras haber hecho mejor. Es increíble cómo una palabra de tan solo seis letras tiene el poder de transformarte en cuestión de segundos. Tu mente y tu corazón y los de quienes te aman empiezan a sufrir de un momento a otro.

Yo sentí culpa, el examen que pospuse tantas veces...

Yo sentí miedo, del tratamiento, de lo que se veía venir...

Yo sentí tristeza, mi esposo, mis hijos adolescentes, mis padres, mi familia...

Fueron ellos y el propósito de acompañarlos y verlos crecer, los que me impulsaron a tomar la decisión de cambiar mi mirada, de cambiar esa creencia que yo tenía sobre el cáncer. Fueron ellos los que me retaron a llenarme de herramientas para enfrentar mi realidad. Fue también una oportunidad para darle más valor a mi cuerpo y a mi vida. Una oportunidad para cumplir la promesa que me hice, desde ese mismo momento, de disfrutar como nunca el presente y darle un valor infinito a cada día de mi vida.

Durante mi transitar por exámenes, quimioterapias y cirugías tuve muchos desafíos para poder ver la luz en medio de la oscuridad, para darme cuenta de que el dolor iba a llegar, pero el sufrimiento era opcional, estaba en mis manos y, sobre todo en mis pensamientos, para tener la posibilidad de atravesar esta etapa de la mejor manera posible.

Y así pasaron días, semanas, meses: en total quince meses y aunque viví muchos momentos en los que lloré a escondidas, que me dolía el alma, el cuerpo al respirar, mis manos no sostenían un vaso y no podía caminar, ya hoy, corro maratones, me paro en la cabeza y ¡me río a carcajadas más que nunca!

No soy escritora ni médica, soy "paisa" y, por lo tanto, exagerada. Soy esposa, mamá e hija, amo los perros, pienso más rápido de lo que escribo y me río sola. Por eso, de antemano, te confieso que en estas páginas no encontrarás un trabajo literario, ni una narrativa de lujo. Eso sí, te garantizo que encontrarás, en cada palabra, un pedacito de mi corazón y el objetivo común de demostrarte que ES POSIBLE encontrar la felicidad en medio del dolor, la luz en medio de la oscuridad.

Con el tiempo me he dado cuenta de que aprender a darle la vuelta al cansancio, al dolor y a las dificultades que acompañan a esta enfermedad, es el secreto para poderla dominar y vencer.

Cuando elegí, como paciente, cambiar la forma de ver la enfermedad, todo se transformó; cuando entendí el poder que tenían mis pensamientos en mi salud y su impacto en mi biología y en mis emociones, les di permiso para entrar a la alegría y la esperanza. Ellas llegaron para quedarse.

Estar viviendo esta experiencia y querer ser asertiva en cómo la manejaría, me llevó a investigar, a formarme. Encontré información muy valiosa, busqué cursos y me enamoré tanto del autoconocimiento y de cómo cada uno tiene el poder para transformarse y ayudar a otros que, a los meses, me certifiqué como *coach*. Durante mi tratamiento, creé una fundación que hoy tiene por nombre AlmaRosa. Allí estoy en contacto permanente con las mujeres y sus familiares que viven este momento "diferente" de la vida.

Esto me ha permitido acompañarlas, de manera respetuosa, en su recorrido y ha sido muy gratificante ver en cada una de ellas su transformación. En especial, ha sido muy emocionante ser testigo de su empoderamiento y despertar, porque nadie es la misma persona después de enfrentarse con el cáncer ¡dejar pasar esta oportunidad para ser más feliz el resto de la vida sería una lástima!

Este libro es para ti que estás atravesando esta enfermedad y también para quienes están contigo día a día, porque ellos también te acompañan con tus miedos y, a la vez, serán cómplices y testigos de tu feliz despertar. Sí, porque esto también es un despertar.

Uno siente que el cáncer se quedará ahí y no es cierto. Lo sé. Se pasa, se avanza, se crece y se trasciende.

Con el tiempo entendí que *las cosas no me pasan, pasan para mí.*

Nunca olvides que hoy es el primer día del resto de tu vida. Gracias por estar aquí.

Hoy cuando abrí mis ojos agradecí por ver las flores en medio de la neblina. Hoy cuando abrí mis ojos agradecí, por fin, poder empezar este libro y estar aquí para ti.

Con amor,
Lina Hinestroza

CAPÍTULO 1

El regalo que nunca me hubiera gustado recibir

15 de agosto de 2013. 2:00 p.m. Yo estaba feliz porque empezaba el curso de Programación Neurolingüística y *Coaching* Estratégico: "El amor es hoy". Llegué, ese jueves, muy motivada por la experiencia de una amiga que me había dicho que gracias al curso había transformado su vida y hoy era ¡más feliz que nunca!

Yo, en ese momento, no tenía "ninguna piedra en el zapato". Pero ¿quién no quiere ser más feliz? Allá fui a dar, como todo lo mío, sin pensarlo mucho e impulsada por la emoción. ¿Qué tal? Ahora entiendo como es todo tan perfecto, llevaba meses detrás de ese cupo y, mágicamente, a pesar de que la gente hacía fila por años, se abrió un espacio para mí.

Ese primer día nos preguntaron por qué estábamos allí, si teníamos algún desafío que enfrentar en ese momento. Yo, inocente del tema que me esperaba, no tenía ninguno, incluso me sentí como "mosco en leche", al escuchar a mis nuevos compañeros que hablaban de las adversidades tan complejas que estaban viviendo y de su deseo de encontrar allí la anhelada paz:

—Mi nombre es Nancy y estoy aquí para superar el dolor y el miedo que me dejó un cáncer de mama que hace poco atravesé.

Yo me quedé mirándola. Estaba bastante familiarizada con el tema, pues cuatro primas y mi hermana mayor habían sido diagnosticadas con esta enfermedad, una tras otra, en los últimos años. Entendía muy bien lo que pasaba por la cabeza de ella y por supuesto de sus familiares, quienes, como me pasó a mí, sufrían en silencio.

Sentí mucha compasión y, al ver su pelo, que empezaba a salir de nuevo, recordé con dolor, hace menos de tres años, el momento en el que yo le rapaba la cabeza a mi hermana. Reviví también, como si fuera ayer, verla llorando muy suave mientras yo me esforzaba por tragarme las lágrimas.

Llegó el descanso y de inmediato me acerqué. Sentía que debía hablarle. Me contó lo duro que habían sido estos meses y, con lágrimas en sus ojos, admiraba mi pelo largo, añorando el suyo. Se lamentaba de su debilidad y de su angustia, la misma que no desaparecía incluso cuando ya le habían dicho que estaba sana.

A esa misma hora en la que el universo me conectaba de frente con esta realidad, mi esposo, ginecólogo, recibía una llamada del radiólogo en su consultorio: mi biopsia había salido maligna.

"Vamos con toda, amor"

Mi esposo me escribió un mensaje mientras estaba en clase y me invitó a comer a un restaurante. Minutos después cambió de planes: me dijo que fuéramos mejor al parqueadero donde habían vivido mis suegros antes. ¿Un parqueadero? Me pareció sospechoso ese lugar, y sin dudarlo me fui convencida de que me tenía una sorpresa. La verdad yo pensaba que me iba a regalar un carro, ¿a qué más va uno a un lugar como ese? Llegué entonces muy puntual a las 7:00 p.m. con toda la actitud, muy sonriente, expectante y ¡feliz!

Fue muy inteligente la elección del lugar: él pensó que lo ideal sería elegir un sitio que yo no frecuentara pues esa noticia y la emoción que sentiría la guardaría en mi memoria para siempre. ¡Y sí que tenía razón! Hoy, después de que han pasado tantos años, cuando transito así sea cerca del parqueadero, se aviva el fuego del dolor en mi estómago como el que tuve esa noche. No falla y cuando lo siento, para transformarlo, me doy la bendición y doy gracias a Dios y al universo por estar viva.

Me monté a su carro, él estaba ahí, oyendo su Luis Miguel que tanto le gusta "*... si nos dejan, nos vamos a querer toda la vida*". Me saludó como si nada y me empezó a preguntar cómo había estado mi tarde, mi curso... La verdad lo noté como si estuviera haciendo tiempo, "Ya debe estar que entra el carro con el moño gigante encima" pensé y, de repente, le bajó a la música:

— Linda, llegaron los resultados.

— ¿Cuáles, amor?

— Los de la biopsia.

En ese momento, el mundo se detuvo

— ¿Y qué pasa? ¿salieron malos? ¿tengo cáncer?, le pregunté.

No tuvo que responderme, vi la angustia en su cara. Tapé la mía con mis manos. Me sentí como si estuviera volando: el piso se me fue, sentí un frío enorme que recorrió todo mi cuerpo, el mismo que me da siempre que tengo miedo. Sin derramar ni media lágrima y en un profundo silencio, a los pocos minutos le dije:

— ¿Y entonces? ¿Qué debemos hacer?

— Mañana, ir donde tu ginecólogo-oncólogo.

— ¿Por qué mañana? ¡Vamos ya!

Ya era de noche, pero igual llamamos al médico. Por fortuna no había salido del consultorio. Al escuchar la voz de Juan Luis le dijo que nos esperaría y de inmediato fuimos hacia allá. Revisó los resultados y ordenó una serie de exámenes que debía hacerme al otro día, a primera hora.

Salimos de allí como un par de entes, "Vamos con toda, amor", le dije en el ascensor y emprendimos, sin hablar una sola palabra, el rumbo a nuestra casa.

¿Cáncer? ¿Yo?

Yo me repetía en mi mente: ¿CÁNCER? ¿Yo? ¿Cáncer de mama? ¿Eso no es para personas mayores?, si yo apenas tengo cuarenta y dos años. Me parecía increíble. Además, yo me sentía TAN bien.

Cáncer, esa palabra asociada con los peores adjetivos: sufrimiento, dolor, angustia… muerte… ¡No! Era imposible. Si solo unos minutos antes yo me sentía plena, era demasiado feliz.

El miedo abruma la mente y oscurece la esperanza. Mientras subíamos a la montaña de nuestra casa pensaba en todos los que se habían ido por culpa de esa enfermedad. Sentía culpa, mucha culpa. No pronunciamos una sola palabra. Nos cogimos de la mano mientras él manejaba. Yo podía ver en su cara la angustia y sentir el dolor tan intenso en el ambiente. No había música, ya no sonaba Luis Miguel ni nada, algo poco usual en nuestra vida. Nuestro corazón y nuestra alma estaban de luto.

Era mi culpa, me repetía eso. Aplacé mis citas por un cliente, porque no fui prioridad. Me retumbaban las palabras que me dijo mi esposo cuando se enteró de que, por segunda vez, había pospuesto mi ecografía mamaria y que mi cita de control, que debía ser cada seis meses, sería en nueve:

—No puedo creerlo, linda: ¿Tú le cumples a todo el mundo y tú qué? No es charlando que tienes que cuidarte. Me reprochó mi marido en ese momento.

¿Será que no vería crecer a mis hijos? Como una película a toda velocidad pasaban imágenes de ellos por mi cabeza. Mi niña que quería ser arquitecta y diseñadora de interiores y los otros dos, que en aquel entonces querían ser médicos, como el papá: ¿Me los iba a perder? ¿Y mis nietos? ¿Los que me he soñado toda la vida?

Pensaba en mis padres, ya muy mayores, porque soy la menor de ocho hijos y lo que podría significar para ellos que la niña, la que nunca dejó de serlo, se fuera antes de tiempo.

Pensé en mis hermanos, mis amigos… Pensé en todas las cosas que había pospuesto: ya no podría aprender italiano y los encuentros con las personas que amo y los viajes soñados se quedarían sin hacer. Sentí que, en minutos, todos esos sueños de tantos años se desmoronaban frente a mí.

Al otro día, después de una larga noche en vela, y sin contarle a nadie, nos fuimos a escondidas a la clínica. Los exámenes empezaron a las 6:00 a.m. Juan Luis y yo casi no hablábamos, pero con la mirada, los abrazos y las manos apretadas nos decíamos todo. Recuerdo la angustia cuando al ingresar a uno de esos chequeos, giré mi cabeza a decirle algo a mi esposo y vi que se estaba dando la bendición. En ese momento, no sentí miedo, sentí pavor. A la vez, fue increíble como un acto de esos que me confrontó tanto con la realidad, me dio la claridad de lo que estaba viviendo y la energía que necesitaba para sentir que, por él y por mi familia, iba a darlo todo y más.

Había una resonancia con medio de contraste que era muy importante, debía estar unos cuarenta minutos boca abajo y con las manos arriba.

Entré a ese frío lugar, no sé si era la temperatura del aire o la de mi mente gobernada por el miedo. Me amarraron y me metieron al túnel del resonador con la advertencia de que, si me movía en algún momento, tenían que volver a empezar y que ese examen era definitivo.

Lo intenté, pero no pude. Lloraba de miedo, de desamparo, me sentía abandonada en medio de ese témpano de hielo. Me vieron tan desconsolada que le permitieron a mi esposo sentarse al lado de mi cabeza y cuando inició el examen, empezó a cantar las canciones de los dos, sin parar, "*tan enamorados que así, la noche dura un poco más...*". Una tras otra, las de Montaner, las de Luis Miguel, con las que nos enamoramos a los dieciocho años, y así, recordando y como arrullando un bebé antes de dormir, me sentí segura y me calmé. Hoy recuerdo ese momento de tanto dolor como una de las tantas muestras del inmenso amor de Juan Luis. De hecho, ahora cuando tengo un examen de control al que debo entrar sola, en quietud total, llevo mi *playlist* mental activa y voy cantando en silencio. Esa práctica funciona a las maravillas, el tiempo pasa más rápido y, sobre todo, logras habitar en una muy buena emoción.

¿Cómo voy a contarles?

Era sábado, habían pasado ya cuarenta y ocho horas, muy poco tiempo si estás disfrutando de unas vacaciones en el mar, pero una eternidad si estás esperando resultados. Teníamos boletas para el concierto de Ricardo Montaner esa noche y nos fuimos con el corazón arrugado preparados para oír '*Y llevarte a la cima del cielo, donde existe un silencio total*'. En los duelos todas las canciones llegan al alma.

Llevábamos meses soñando con ese *show* y como la vida tenía que seguir, allá fuimos a dar. Íbamos con una cuñada y su esposo, una mujer muy especial, sensata, tranquila. En el momento en el que fuimos juntas al baño le dije:

— Pati, cómo te parece que me encontraron una bolita, y tengo cáncer.

No recuerdo si ella me dijo algo en palabras, pero su cuerpo lo dijo todo, le cambió la expresión y los ojos se le empezaron a llenar de lágrimas. Yo, al verla así, ardí por dentro, sentí un miedo profundo otra vez, como que dimensioné lo que estaba viviendo: fue como estar de frente a la realidad de poderme morir. Su reacción fue absolutamente natural, pues cuando hay amor por alguien, esa noticia te abruma, te desfigura, es incontrolable.

A partir de ese momento tomé la decisión de que, salvo a mis papás y a mis hijos, a nadie más iba a contarle directamente. Debía protegerme yo y también a los otros, porque sé que hacer el esfuerzo para no expresar el dolor también es difícil. No le dije nada a Juan Luis. Nos quedamos sentados hasta el final del *show*. Ricardo Montaner siguió cantando, pero ya no lo escuché más.

Mis hijos

Mi esposo y yo habíamos decidido darles la noticia a nuestros hijos cuando tuviéramos un poco más de claridad sobre la situación. La verdad yo creo que era una disculpa. En el fondo, necesitábamos procesar más la situación para que no se sintiera angustia en nuestras palabras y el lenguaje corporal no nos delatara. Creímos que podríamos esperar un buen tiempo para ello, pero como tenía que hacerme varios exámenes tuvimos que visitar muchos laboratorios y centros especializados y como mi esposo es ginecólogo, sus colegas médicos siempre se acercaban a darnos una voz de aliento. Como nuestra ciudad es pequeña, nos dio miedo que se filtrara la noticia, por lo tanto, decidimos que teníamos que decirles antes del lunes que volvieran al colegio.

Era domingo, la mañana estaba hermosa y Juan Luis me dijo que iría a correr. Él lo hace con mucha frecuencia, pero cuando está estresado ya es más una terapia que necesita. Ese era el momento perfecto. Lo pensé y por supuesto no se lo dije: primero, no podrían percibir la angustia del papá que era evidente; segundo, el hecho de no estar los dos juntos le disminuía la gravedad al asunto; y, tercero, le iba a ahorrar a Juan Luis esa situación tan incómoda, ya era suficiente con lo que estaba viviendo. Analicé cómo hacerlo, si los llamaba a todos y les hablaba a la vez, o si mejor a cada uno. Elegí la segunda, así sería más "casual" y quizás menos impactante.

Se me hizo larga la mañana, esperaba con ansias que se fuera, ya quería "salir de eso". En el momento en el que se despidió y cerró la puerta principal, yo me paré frente a la habitación de Daniela, la mayor, mi única niña. Se me enfrió todo, pero respiré profundo y entré:

— Linda, cómo te parece que me encontraron una bolita en el seno, así como le pasó a la tía Vito. Me la van a sacar y, por precaución, vamos a hacer quimioterapia, es mejor estar súper asegurados.

— ¿Es grave mamá?

— No, linda. Como te digo, es como a la tía Vito y mira cómo está de bien, súper sana.

Con esa misma historia, con una 'versión infantil' fui después a la habitación de Tomás y, finalmente, a la de Simón. Ya estaba yo más tranquila y, además, feliz de haber encontrado el ejemplo de su tía Vito, que ellos aman como una segunda mamá, porque, aunque todos en casa habíamos lamentado mucho su enfermedad y tratamiento tres años atrás, en el momento estaba muy bien, feliz y VIVA. Además, cuando de evitar dolor a nuestros hijos se trata, las mamás sacamos la fuerza sobrehumana que tenemos. Así pude transmitirles paz y tranquilidad. Yo me quité un peso de encima al saber que por fin mis hijos ya estaban enterados, lo que no sabía y, me enteré años después, es que Dani, sintiendo el ambiente diferente en casa, había buscado la manera de escuchar una conversación, se había enterado antes y se había guardado el secreto con el miedo y la angustia que traía consigo.

Con esa misma historia fui donde mis papás a los pocos días, con la diferencia de que mi mamá no se tragó ese cuento de que era algo tan sencillo. A mí no me dijo nada, pero cuando salí, le dijo a mi papá; 'Ricardo, eso no es verdad, la niña está muy enferma. Mira Juan Luis cómo está de callado'. Mi marido habla poco la verdad, pero no hay duda, las mamás son muy difíciles de engañar, olemos a kilómetros algo que afecta a nuestros hijos.

Un mensaje por WhatsApp

Soy muy kinestésica, es decir, a pesar de ser tranquila tengo mucha sensibilidad a las emociones, leo muy fácil los sentimientos del otro en las palabras que usa, su tono y sus gestos, también tomo muchas decisiones basadas en cómo me voy a sentir. Por eso decidí que escribir un mensaje por WhatsApp a mis amigos y mi familia sería perfecto, ellos lo recibirían y podrían expresar libremente lo que sintieran y yo estaría inocente al otro lado del celular. Así lo hice, y de inmediato empecé a recibir las llamadas de todos, las mismas que rechacé. No era el momento, ellos estaban habitando una emoción que no nos convenía. Los llamé de vuelta o respondí mensajes, a cada uno, horas después cuando ya todos habían procesado la información y pudiéramos tener conversaciones tranquilas, que sumaran.

En este proceso, reconocer mis debilidades y fortalezas fue clave, porque todos reaccionamos diferente y lo que para algunos podría ser lo adecuado, para mí no. Reconocerme y, en especial, protegerme fue definitivo, nadie podría hacerlo por mí.

¿Por qué a mí?

Unas de las primeras preguntas que me hice al recibir el diagnóstico, fue: ¿Por qué a mí?, ¿por qué a mí, si yo era buena persona?, ¿por qué a mí, si yo me alimentaba bien y hacía ejercicio?, ¿por qué a mí, si yo no le hacía daño a nadie?

La verdad es que, cuando recibí el diagnóstico, estaba pasando por el mejor momento de mi vida. Tenía cuarenta y tres años, la época más bacana de la vida, estaba (y estoy) felizmente casada con quien fue mi novio desde los dieciocho años. Juan Luis es mi esposo, es ginecólogo y mi mánager de salud. Él me cuida como nadie en el mundo y me chequea todo, me acompaña a todas las citas. Así ha sido toda la vida. Enamorados, felices, ya sin "niños chiquitos", nos estaba quedando, por fin, más tiempo para nosotros.

Estaba realizada como mamá. Tenía lo que tanto anhelé: mis tres hijos, Daniela con dieciséis años, Tomás catorce y Simón doce. Unas edades muy interesantes, la *aborrecencia*, donde necesitan unos papás cuerdos, sintonizados, de la mano, para acompañarlos en los desafíos de esa época. Lo cierto es que fueron unos niños y jóvenes muy fáciles de manejar, sanos y equilibrados. Hoy, como adultos, ya son mi soporte y mi mayor orgullo y, en su momento, fueron mi faro, mi luz más brillante.

Mi oficina de comunicaciones y relaciones públicas iba *viento en popa.* Ese ejercicio profesional al que me dedico hace tantos años siempre me aporta mucho y me complace contar las buenas historias que las empresas o personas tienen para decir. Amo muchísimo mi trabajo, me fluye muy fácilmente, lo disfruto demasiado y fue de gran ayuda para mí continuar con él durante mi tratamiento.

A nivel físico me encontraba extraordinariamente bien. Desde que tengo uso de razón he hecho ejercicio: competía en atletismo en mi colegio y he continuado, con regularidad, la práctica semanal de ejercitar mi cuerpo, lo necesitan mis músculos, mi corazón y, sobre todo, mi mente. No fumo, me tomo una ginebra de vez en cuando y no le hago daño a mi cuerpo con nada, salvo el dulce que me gusta mucho, diría que más de la cuenta y no me puede faltar.

Entonces, ¿por qué a mí, si yo estaba tan bien? ...si yo, si yo...Era inevitable no pensar en: ¿Por qué a mí? Cuando nos enfrentamos a esa situación límite, empieza un duelo inevitable, que no se puede cambiar, ni manipular, ni controlar, ni uno se puede escapar. Uno siente que se desgarra, que no hay salida y se le nubla la visión.

Pero no solo he vivido esta enfermedad siendo la paciente. También he sentido miedo al ver que personas cercanas, que son tan importantes para mi vida como mi papá, mi hermana, mis primas, mis tías y amigas sienten esa impotencia frente a una enfermedad que se vuelve tan tuya, pero que es tan ajena a la vez. Sé el miedo que se vive "desde la barrera": sentir que esa persona que tú amas corre el riesgo de, quizás, no estar más.

Ahora, algo hay muy cierto y es que, antes de yo vivirlo, todo me parecía duro, difícil, injusto. Me parecía imposible comprender ese "lado amable". Pero después de que lo experimenté en carne propia, con el pánico de tener "el bicho" adentro, me di cuenta de muchas cosas. Recibí tantas, pero tantas bendiciones, que me siento elegida por la vida para poder ser más feliz que antes.

Estadísticamente sospechosa

Después de mi primera cirugía, mi amigo, Walter Riso, psicólogo clínico, fue a verme. Yo amo sus visitas, porque son una dosis de alegría, me río todo el tiempo y, entre su humor negro y brillante, me divierto.

Me encontró, según él, muy tranquila y eso le parecía muy sospechoso. Bueno, él siempre me dice que yo soy *"estadísticamente sospechosa"*, porque no me enojo, ni nadie me cae mal, pero me insistió en que, quizás, yo podría estar evadiendo lo que me estaba pasando y que eso no estaba bien, porque evadirlo me iba a hacer mucho daño a mediano plazo.

Esto no es sano, Lina. Hagamos algo, compra un cuaderno y, en tus desvelos, escribe lo que sientes, porque tus palabras te van a ayudar a identificar esas emociones que estás queriendo ocultar, me aconsejó.

Y cuánta razón tenía Walter. Yo, para que mi familia no sufriera, escondía lo que sentía y siempre sonreía, como para demostrarles que todo estaba bien. Sentía que sí o sí debía hacerlo. Recuerdo, sobre todo al comienzo, cuando todos se dormían, que me metía en mi clóset, justo debajo de los vestidos que colgaban, me ponía una almohada en la boca y lloraba a gritos, liberando el miedo y el dolor con rabia, mucha rabia acumulada, pero tratando de que nadie me escuchara. Eso era liberador y nunca me descubrieron.

Por fortuna, en la medida en la que fueron pasando los días, que fui entendiendo mejor o asimilando mi realidad, fueron más esporádicos los episodios de "ira e intenso dolor" en el clóset, hasta que, cuando menos lo pensé, no volvieron más.

Walter ha sido de gran ayuda para mí en las situaciones en las que me he sentido abrumada o con miedo. En esta, en particular, me ayudó a entender las etapas del duelo que, como pacientes o acompañantes, vivimos al vernos de frente con una situación límite como esta.

El duelo tiene varias etapas, me explicó. Algunas aparecen con más fuerza, no todos los pacientes las vivimos igual, o el orden puede no ser el mismo. A veces estás mejor un día y al otro sientes que das un paso atrás. Pero todo esto es parte del proceso perfecto, que está en el plan de tu alma, y del que vas a salir.

Negación

Cuando recibimos el diagnóstico sentimos, en el fondo, la posibilidad de que sea un error. Parece imposible que sea verdad. Ese "no creerlo" amortigua el golpe y de alguna manera aplaza el dolor.

Recuerdo que cuando me enteré, me miraba en el espejo y me preguntaba: Pero ¿dónde está? Yo me siento perfectamente bien. No, eso tiene que ser un error, eso va a ser un error.

Ira

Otro paso muy común en las etapas del duelo es la ira. Se siente cuando uno ya se da cuenta de que sí es verdad: "Sí, tengo cáncer". Sientes que esa enfermedad llega así no más, y va entrando "como Pedro por su casa", sin pedir permiso, sin haber sido invitada y llega a robarte la paz mental, a frenar tus planes en seco y a tomar el control de tu vida.

Yo tuve rabia y mucha, pero conmigo misma: por posponerlo todo, por haber aplazado mis citas, por no haberle dado prioridad a mi salud. Eso sí que es duro, me caía gorda yo misma, me hablé desde afuera y fui muy dura conmigo. No era posible que, por un descuido, podrían quedar sin mamá tres adolescentes en casa y un marido que, con solo verlo caminar con los hombros caídos, era suficiente para saber que tenía más miedo que yo.

Después entendí que todo fue perfecto, que mi aprendizaje debía ser así para ser más consciente. Me revolcó, pero fui afortunada de tener una segunda oportunidad. La vida no siempre la da. Por eso dejarnos de últimos no es una buena idea. Si tenemos personas que nos necesitan, actuemos como en los aviones: "auxiliarnos primero" y después auxiliar al menor. En resumen, cuidarnos para poder cuidar a quienes amamos.

Cuando me diagnosticaron, tenía una amiga muy especial llamada Mónica, quien había tenido cáncer de mama dos años antes que yo, y su proceso me había impactado muchísimo, pero sobre todo me había generado mucha admiración el manejo que le había dado desde la espiritualidad. Por eso, al otro día de tener el diagnóstico, sin contarle incluso a nadie más, le pedí que nos encontráramos en un restaurante.

Yo estaba muy angustiada, no había dormido en toda la noche. Llegué primero y busqué una mesa en el rincón, no quería saludar a nadie, no quería encontrarme con nadie, sentía que, de verdad, no había posibilidad de que yo pudiera sonreír. Y de pronto llegó ella, alegre y sonriente, moviendo el pelo, saludando amablemente a los del restaurante: ¡Se veía tan feliz! Eso me impactó tanto que, cuando me paré y la abracé, lo primero que le dije fue: "Moni, ¿uno algún día puede volver a recuperar la paz?". Ella sonrió y me respondió: "Claro que sí, la paz, la alegría y las ganas de vivir, esta es una prueba Lini 'maluquita', pero después vas a ver lo feliz que serás".

La verdad es que yo no tenía otro pensamiento diferente al miedo. Desde el diagnóstico esa emoción me gobernaba todo el día, todos los días. Solamente pensaba en eso. Me daba rabia ver cómo el cáncer se había adueñado de mi mente y también de la de mi marido, quien incluso se retiró un buen tiempo del trabajo porque "no tenía cabeza" para nada más.

Tristeza

La tristeza también llega como parte de este duelo, incluso muchas veces viene con depresión, con ausencia de motivación por la vida, por luchar. Todos pasamos por ella. Yo la viví también, la sentía superada un día y, al otro, regresaba esa gran sensación de vacío, ese dolor en el alma, ese ¿será que vale la pena? Cuando uno está cansado es más fácil que la tristeza llegue y si sumamos la falta de sueño, como era mi caso, ni hablar.

Recuerdo que una noche llegué a mi casa, subí a mi habitación, me acosté en la cama y ahí me quedé todo el día viendo el techo. No hice nada más, solo pensaba. No prendí la tele ni vi el celular, tampoco comí o fui al baño, solo miraba el techo. El día fue pasando, llegó la noche y quien nos ayuda en la casa me encontró en la habitación. Yo no me había dado cuenta de que estaba completamente a oscuras. En ese momento sentí que lo que había pasado era una metáfora de lo que estaba pasando en mi vida, porque, así como se apagó la luz de mi habitación sin darme cuenta, con el diagnóstico, se me apagó la luz del alma.

Yo le tenía mucho miedo al hecho de que los pensamientos me gobernaran. Cuando dejaba mi mente muy "desocupada" me llegaba una información que, como dice el reconocido guía espiritual, mi amigo Papá Jaime: "Ni tus peores enemigos te pueden hacer tanto daño como tus propios pensamientos".

Es clave aprender a reconocerse, así como uno sabe que está empezando un dolor de cabeza y entonces, se toma algo para el dolor antes de que avance más, así debemos identificar la tristeza. No la dejemos avanzar, llamemos esa persona que nos llena de energía, yo tenía un *playlist* en mi celular con canciones que me subían la temperatura emocional. Hay que tener la lista de películas o libros que nos alegran ¡Tenemos que ayudarnos a nosotros mismos! Somos lo que pensamos y tenemos que aprender a autorregularnos. Como dice la periodista y oradora motivacional, Margarita Pasos: "La persona con quien más hablamos es con "nosotros mismos" y desde ahí tenemos que partir para hacerlo bien en lo que leemos, vemos, hacemos y, principalmente, en qué nos decimos".

Yo recuerdo mucho, y me parece vivirlo, que cuando mis amigos me visitaban yo estaba presente, pero ausente. No oía, veía ni entendía nada. Allí estaba mi cuerpo, pero no mi mente: yo estaba conmigo misma, con mis preguntas, con mis respuestas. Quería sentirme acompañada, pero a la vez quería estar sola. Quería que llegaran, pero cuando estaban ahí me estorbaban y quería que se fueran (algo que no es para nada usual en mí). No me hallaba, pero igual me obligaba muchas veces a estar y, cuando menos pensaba, pasaba el tiempo. Aunque a veces estaba en las nubes, me sentía bien.

Hay incluso pacientes que, en esta etapa, se quedan ahí. Luego pasan a la depresión, pierden las ganas de luchar, el miedo los agobia y se dan por vencidos antes de tiempo. He estado cerca de personas que se han entregado a ese dolor.

Mi recomendación para quien está viviendo la enfermedad es que se dé permiso para vivir su duelo, para tener esos espacios de reflexión, para ponerle "nombre y apellido" a las emociones que está viviendo, para luego, dejar que todo eso pase, como parte del proceso que tanto nos hace crecer. Eso sí, siendo muy consiente de que no puede ser eterno el lamento, salir adelante emocionalmente depende de uno mismo, de cómo te hablas, de lo que piensas. Por eso llegó un momento en mi proceso donde me dije: "Listo, ya lo interioricé, ya lloré, pataleé, renegué, pero esta es hoy mi realidad y hay que avanzar".

Aceptación

Es la última etapa del duelo y mi favorita. Es algo así como "esto es lo que hay", me entrego y aprendo a convivir con ese dolor. Yo encontré una frase de Buda que me acompañó siempre: "El dolor es inevitable, pero sufrir es opcional". Sufrir es una decisión. Esa frase se volvió mi mantra, la copié y la pegué en mi tocador. Pensé "Me va a doler, sí, voy a sentir miedo y angustia, seguro, pero no voy a sufrir, no le voy a entregar el poder a esta enfermedad". Lo hice para que mi vida no se acabara ahí. Yo me metí eso en la cabeza. Y aunque los días que vinieron no fueron ningún *spa*, tomé la decisión de cambiar mi mirada y empecé a ver una hermosa luz en medio de la oscuridad. Tuve que leer la frase muchas veces, pero me hacía mucho sentido, me permitía validarme el sentimiento haciéndome más humana y dándome paz.

Es muy retador para quienes nos acompañan como la pareja, el papá, la mamá o amigo porque el sufrimiento también es grande. Pero, a diferencia del paciente, esa persona que es compañía y bastón se guarda sus emociones. Hoy creo que hay que darse el permiso de compartir abiertamente al otro lo que se siente: "yo también tengo miedo, tristeza, yo tampoco estoy durmiendo bien. También tengo miedo de perderte, tengo noches oscuras, pero saldremos de esto".

Y ni qué decir de los gestos y abrazos, también son lo máximo, nos permiten acompañar de otras maneras. Así que ánimo, inténtalo. Tu compañía es clave en este proceso de sanación, para que puedas comprender y le ayudes a entender a esa persona que amas, que las experiencias que, para algunos son fracasos, a ellos los hará más fuertes. Mis hijos son un claro ejemplo de ello, vivir en carne propia esta situación les permitió aprender de los aciertos y desaciertos que tuvimos, les dio la oportunidad de prepararse para los aprendizajes que, por naturaleza, la vida les traerá.

Haber tenido ayuda emocional me ha parecido clave, porque de no haber seguido sus consejos, yo me habría seguido escondiendo y continuaría acumulando emociones para proteger a mi familia, y terminar quizás, como muchas personas, en una depresión. Por eso, si puedes tener alguien cerca que merezca tu confianza, un familiar, un amigo, un grupo de apoyo o, si está a tu alcance, un psicólogo o *coach*, alguien que pueda escucharte y guiarte en lo que vives, es clave. En este tratamiento la gestión de las emociones es fundamental para el resultado del proceso. Sé que a veces sentimos que podemos con todo y a mí, particularmente, me costaba buscar este tipo de ayuda, pero esta es una circunstancia que se sale de lo convencional y, en mí, siento que hizo mucha diferencia.

Aquí podrás ver un video mío de
cuando pasaba por este proceso:

Capítulo 2

El regalo mal empacado

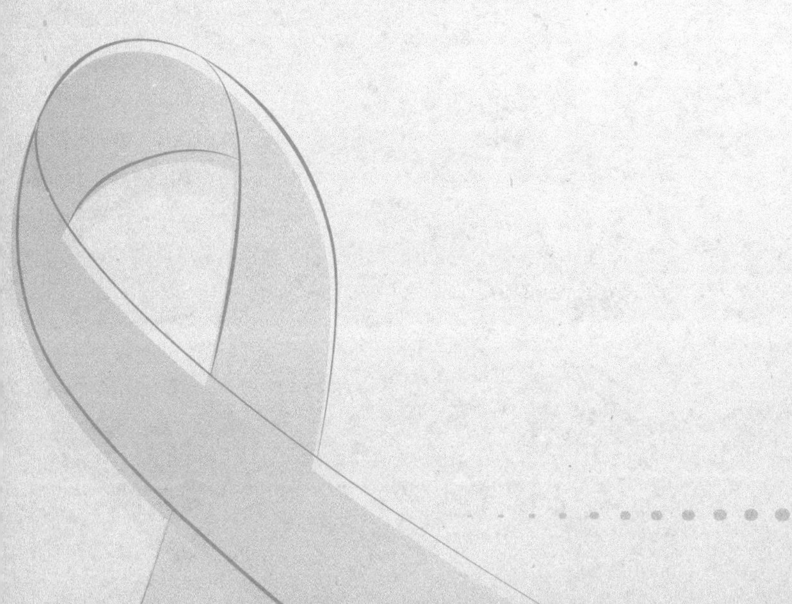

Toda mi vida, con mi familia, hemos tenido una finca muy vieja de tapia. Cuando yo era pequeña, recuerdo que apagaban las luces y me daba una sensación de miedo, de inseguridad, porque esa total oscuridad, no permitía que me pudiera ver ni las sombras de mis manos, ni un rayito de luz.

Yo soy muy miedosa, me espanto sola. No voy al baño ni a la cocina de noche en la finca. Cuando era chiquita me daba cuenta de que, en la puerta de esas casas viejas, por donde se ponía la llave, se alcanzaba a filtrar un puntico de luz. Cuando sentía miedo, miraba ese punto de luz, y me daba tranquilidad. Si me enfocaba mucho en él, cada vez lo veía más grande. Y si lo miraba fijo o me acercaba ya podía verme la silueta de mis manos, y ver más claramente. Y si acercaba el ojo directamente, ya sí veía pura luz afuera y el miedo desaparecía.

Esta es una analogía que me gusta mucho recordar porque todos en la vida tendremos momentos donde todo se ve negro, oscuro, pero seguro hay un puntico de luz en alguna parte. Y cuando uno se enfoca en él, así sea en esa oscuridad plena, la luz comienza a crecer adentro, porque donde pones el foco, pones tu energía. Es decir, que uno hace crecer lo que enfoca: si te enfocas en la oscuridad, esta crece, y si es en la luz, esta aumenta.

En esta ocasión, con un diagnóstico de cáncer, lo mío no sería la muerte: yo me enfoque en la vida, lo mío no sería el final, sino el comienzo. Poder ver, en medio de tanta oscuridad, el rayito de luz me hacía sentir fuerte y con esperanza.

Me acuerdo de que, a los pocos días de ser diagnosticada, me fui a hablar con un padre que es un amigo muy especial. Él tuvo una depresión muy fuerte, que lo llevó por meses a la cama. Cuando llegué me dijo: "Te voy a decir algo y pensarás que estoy loco. Pero esto que te está pasando será lo mejor que vayas a vivir en la vida". Tenía razón, pero pensé que se había vuelto loco: yo con este miedo y angustia y me dice eso. Y luego, concluyó: "Después me vas a dar la razón, porque esto Linita, es un súper regalo, aunque está muy mal empacado".

Pasaría un tiempo para que pudiera darle la razón: ¡Sí que la tenía!

Ahora lo veo claro. Sí es eso, el regalo más mal empacado que existe. ¿Quién no ha recibido un regalo que por fuera no tiene cara de nada? Se ve feíto y arrugado y te da como desconsuelo recibirlo, pero cuando lo abres está lleno de sorpresas y era justo lo que necesitabas. Después dices: "¡Qué regalazo!".

Así me pasó con el cáncer: después de tanto miedo, dolor físico, rabia, tristeza, debilidad, inseguridad e incertidumbre, me di el permiso de sentir que esto era lo mejor que me había pasado en la vida y decidí enamorarme de su fondo, no de su forma. Ahí empecé a recibir los regalos de verdad:

El amor sin límite

Como la palabra cáncer tiene tan mala fama, la gente te empieza a dar el amor que, tal vez, pensaba darte cuando te fueras a morir, te lo anticipan. Todos pensamos que los días pueden estar contados, entonces lo que te empieza a llegar es un amor inmenso, palabras que a veces no se dicen hasta que las personas ya no están. Esas palabras bonitas que se escuchan en los atrios de las iglesias cuando se leen los mensajes para los muertos y te dan las sorpresas más sencillas y únicas. Esos amigos que no encontrabas aparecen; esos que nunca tienen tiempo ya no tienen afán y la compañera de trabajo que tú creías que no te quería, hoy es la más pendiente de ti y te derrite el corazón. Te das cuenta de lo que valen todos los seres humanos que tienes cerca y que tú no habrías descubierto de otra forma, quizás jamás, personas inesperadas comienzan a nutrir tu alma.

¿Cómo ser testigo de tanto amor, no va a ser el mejor regalo de la vida?

Como decía la poeta mexicana Ana María Rabatté y Cervi: "*En vida hermano, en vida*".

Que si las velas, las novenas, los santos, las estrellas, los mantras y las meditaciones. Que si la Virgen del Carmen, de Guadalupe, los rosarios, cadenas de oración y rituales de amor por ti ¡Las personas te traen todo con un amor! Yo no hacía novenas nunca. Recuerdo que hubo días en los que se me juntaron doce diferentes y yo las hice todas. Es que cada persona me la traía con un amor y una convicción que yo me sentía incapaz de no hacerla, sentía que esa era la que me iba a curar ¡Qué viva la fe o el efecto placebo! Como tú lo quieras llamar.

Recuerdo que una vez en la puerta de mi casa me habían dejado dos cabezas de icopor decoradas para que yo pudiera poner las pelucas. Este fue un regalo de dos personas anónimas que, hasta el día de hoy, sigo sin conocer.

Si uno está dispuesto a recibir, llega una avalancha (tal vez inesperada) de amor y eso es hermoso. Uno se da cuenta de que su paso por el mundo ha valido la pena. Yo me decía: "no sabía que la gente me quería tanto, nunca me había sentido tan amada, ¿en serio tengo tanto amor alrededor? Estoy viviendo en medio de esta angustia y tengo tanto amor y felicidad ¡qué afortunada soy!".

Capítulo 3

Me aguanto 27 días, pero no 27 noches

—Linda, yo soy capaz de esperar al doctor 27 días, pero no 27 noches, me dijo mi esposo al tercer día de haber recibido el diagnóstico.

Cuando fuimos al ginecólogo-oncólogo, él nos dijo que se iba al otro día 27 días de vacaciones, que fuéramos adelantando los exámenes y que, al otro día de su regreso, me operaría. Pensamos que seríamos capaces. Le dijimos que sí y reservamos quirófano porque el doctor, tan especial y profesional, me había acompañado desde hacía muchos años y nos sentíamos muy seguros en sus manos. Pero una cosa es la que uno cree y otra de la que es capaz: durante el día nos manteníamos ocupados y no teníamos mucho tiempo de pensar, pero luego llegaban las noches y, como no dormíamos bien, se hacían eternas, sentíamos angustia frente al silencio, el tiempo pasaba lento, era realmente abrumador.

Son las noches oscuras del alma marcadas por la soledad y la desolación. Y puede pasarte como paciente o familiar: de paciente, es extraño, cuando se va el sol y llega la noche aparece la angustia y uno se crea unas películas intensas que ni te las digo, es como si esos monstruos, brujas y lobos de la niñez aparecieran de nuevo, en forma de sufrimiento, de agonía de muerte, de viudez, de soledad.

Son horas interminables, yo sentía que llevábamos horas desvelados, pero, en realidad, pasaban solo unos minutos. Mi esposo y yo no nos decíamos nada: yo pensaba en él viudo y los hijos sin mamá, sentía miedo de imaginar su reacción al verme calva, cuando cambiara mi color de piel, me daba pánico saber qué iba a pasar cuando él no encontrara mi alegría, de la que se había enamorado. Y mi esposo, mientras tanto, pensaba en toda la información médica que tenía. Se iba a trotar en las mañanas y pensaba: "¿Yo que voy a hacer si Lina no está? Ella es la chispa mía". Sí, siempre yo he sido la chistosa y él quien me lo celebra todo.

Creo que en aquel momento fue un gran desacierto nuestro no exteriorizar estos pensamientos y emociones, pues nos habríamos acompañado mejor. Hoy en día sé que uno no debe acumular pensamientos ni emociones porque esto generará más angustia y dolor. Mi recomendación: decirlo todo. Desde: "Tengo miedo de esto", hasta, "Es que la muerte puede pasar".

Por eso, aquel domingo él se levantó y me dijo: "Me aguanto 27 días, pero no 27 noches", y le escribió al médico que por favor nos recomendara a otra persona. Así fue como llegamos al mastólogo Fernando Erazo. Un ángel, me sentí segura, abrazada y protegida. El doctor, al oírme hablar y decir que por mi familia yo lo daría todo, me dijo: "Con esa actitud tenemos un camino recorrido muy grande en tu tratamiento. Estoy convencido de esto porque lo he vivido con otras pacientes que están cerradas, no se ayudan a ellas mismas y así cuesta despegar. Esa actitud, ese creer en otros desenlaces, esta confianza, es clave, porque vamos juntos".

Y estoy convencida de que así fue: tuve la cirugía, de ahí, con el resultado de patología, debía acercarme a quien sería mi oncólogo, el cual determinó mi tratamiento: dieciséis quimioterapias, cuatro rojas: Epirrubicina + Ciclofosfamida, una cada veintiún días; y doce blancas: Paclitaxel, una a la semana. Cuando me recuperara de la cirugía empezaría este camino de tantos aprendizajes, en medio de mi cumpleaños, de la Navidad y de un año nuevo.

La primera cirugía

Se vinieron las cirugías y yo, afortunadamente, soy una enamorada de la anestesia, ¿Muy loca, cierto? Me gusta la sensación de querer controlar el sueño y no poder con él. Me da incluso envidia cuando alguien me cuenta que le pondrán anestesia general próximamente. De las seis cirugías que tuve, ninguna me dio miedo la noche anterior, salvo la primera, que era en la que me iban a sacar el tumor y a partir de la cual podríamos ver qué tan comprometido estaba mi estado de salud.

Recuerdo una llamada del doctor Erazo a mi esposo el día anterior a operarme la primera vez:

—Juan Luis, estoy pensando con Lina no hacer la mastectomía radical mañana y extirpar los dos senos y todo el tejido mamario. Es una cirugía fuerte y, si la hago, para empezar la quimioterapia necesito que pasen meses.

Donde encontremos un cáncer delicado y agresivo no voy a poder empezar quimio rápido. No voy a hacer eso de quitar todo el tejido mamario, sino la cuadrantectomía, que es un procedimiento menos invasivo donde se extirpa el tumor y el tejido que lo rodea, conservando la mama.

Hoy agradezco, profundamente, esa sabia decisión de mi doctor, pues cuando sacó el tumor, se encontró con que el cáncer requería empezar quimioterapia cuanto antes y, como lo que me hizo era sencillo y ambulatorio yo, en quince días, luego de ver al oncólogo, estaba empezando las dieciséis quimioterapias.

Capítulo 4

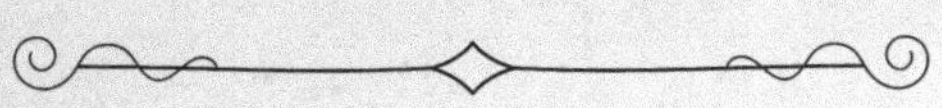

Preparación para las quimioterapias

El catéter

Hablando con Elsa, una amiga de mi colegio, que había tenido este mismo tratamiento años atrás, me preguntó si me iban a poner el catéter que le habían puesto a ella porque sus venas eran muy delgaditas (así como las mías) y la quimioterapia podía hacerles daño. Me explicó que era un tubo delgado de plástico que va al interior de una vena, este se pone en una cirugía ambulatoria debajo de la piel y, así, en cada quimioterapia no tienen que cogerte la vena cada vez.

Yo, que le tengo mucho miedo a las agujas, y a esa cogida de vena no me he podido acostumbrar, encontré en esta opción la mejor solución. Le dije a mi esposo que quería hacérmela y a él le dio miedo. Pedimos la cita donde el doctor quien nos explicó lo sencilla que era esa intervención y sobre todo lo cómoda y exitosa que había sido con miles de pacientes. De manera que pospusimos unos pocos días el inicio de la quimioterapia para hacer la cirugía y, a los pocos días, me pusieron el catéter en una intervención muy corta y que sana súper rápido. Esta fue la segunda y deliciosa anestesia general que recibí. Quedé muy agradecida con mi amiga porque me hizo el camino más fácil.

No me quiero "empelicular"

El domingo después de ser diagnosticada nos fuimos al cine con mi esposo. Yo seguía firme en que la vida tenía que seguir, mi marido se había enmudecido y, aunque no le provocaba hacer nada, sentía que nos teníamos que distraer y hablar de otra cosa. Nos fuimos a un centro comercial a la sala de cines. Empezó la película a la que entramos sin siquiera mirar de qué se trataba. No recuerdo su nombre, pero era la historia de una señora que de repente es diagnosticada con cáncer y en su tratamiento empieza a vomitar, a tener síntomas horribles. Yo me reía para no llorar y mi esposo se quería salir. Le pedí que nos quedáramos porque, de frente, la vida nos da las señales. Así es siempre, cuando uno quiere un hijo ve mujeres embarazadas en todos lados, cuando quiere un perrito ve peludos en todas partes … y yo aprendí, con esa película, cómo "No iba a ser yo". Utilicé esa información a favor. Por eso me iba arreglada a las quimios, era mi manera de empoderarme. Por eso no quise saber de efectos secundarios, que dicho sea de paso no le llegaban ni a los tobillos a los de la señora del drama cinematográfico.

En realidad, a mí me gustó mi relación con el medicamento. Yo tenía tanta ansiedad a lo desconocido, pero uno va chuleando las cosas y eso da paz. Y no solo yo, mi esposo, mis hermanas, mis hijos, mis amigos, todos estábamos ansiosos de cómo iba a ser, cómo me iba a dar. Me gustaba porque estaba preparada para una cosa muy horrible y, aunque vuelvo y aclaro que no es un *spa* para nada, me imaginaba una cosa mucho peor.

Doctora, ¿qué me embuto?

Recuerdo que, durante esos días de quimioterapia, por cuatro días o más, no me provocaba comer mucho, pero igual me obligaba a comer algo con una dieta muy especial. Decidí pedir una cita donde una nutrióloga. Quería que ella me diera la información para no tener esa sensación de náuseas, ese deseo de no comer. Literalmente le pregunté:

— Doctora, yo le quiero preguntar, ¿qué me embuto?

— ¿Cómo así?, dijo ella…

— No me provoca nada, pero yo sé que necesito comer. Quiero saber qué necesita mi cuerpo los días de la quimioterapia para no estar tan maluca y qué puedo comer los días después para darle energía.

Ella respondió:

— Cuando se hace la quimioterapia, el estómago suyo es como un bebé enfermo que no durmió en toda la noche, usted es la mamá y lo logró dormir, pero no lo vamos a despertar porque está maluquito. Así que no vamos a despertar el estómago en esos cuatro días. Desde el día antes de la quimio va a comer una dieta especial, hasta cuatro o cinco días después, pero no vamos a torear el estómago, ni lo despertaremos. Después va a seguir haciendo ejercicio, caminando, así le metemos energía.

Eso fue clave: ella me dijo que, para los días de la quimioterapia, el día antes, iba a comer muy suave, comida como de clínica, sin salsas o picantes, que tuviera proteínas, pero baja en fibra, en grasas, azúcares y condimentos. Yo le hice caso, esos días previos, yo comía dieta blanda, sopa de arroz, arepa, pollo cocinado, sopa de pastas, ricas en proteínas, pero no ensaladas, ni nada con mucha fibra.

Durante esos días no podía comer muchas frutas, pero después sí le podía meter más fibra y más proteínas. Y solo ese consejo me ayudó mucho con los vómitos, las náuseas y para volver a tener energía. Ese es mi primer consejo para ti: la alimentación.

Otro *tip* muy interesante que me recomendó una amiga era tomar penca de sábila. No me hacía daño, era babosa y esto hacía una especie de película para proteger el estómago, como una barrera. Desde el día antes de la quimio, me la tomaba al despertar y antes de acostarme. Primero la licuaba con agua y sabía, la verdad, horrible, muy espesa. Entonces la licuaba con guanábana y me lo tomaba. No respiraba y me la pasaba de una vez. Así lo hice durante las dieciséis quimios y jamás vomité.

Ojo, es muy importante recordar que no soy médica. Te comparto, con amor, mis *tips* de lo que no me hizo daño y me sirvió. Sin embargo, todos los cuerpos son diferentes, por eso debes preguntarle a tu médico antes de tomar cualquier decisión.

Como Kung Fu Panda

Mi tercer componente en esta especie de *kit para reducir efectos secundarios de la quimioterapia* fue la acupuntura:

una forma de medicina alternativa y un aspecto clave de la medicina tradicional china que implica la inserción de agujas finas en el cuerpo. Yo la conocía porque la había visto en la película *Kung Fu Panda*.

Recuerdo que, un par de días antes de la quimioterapia, la doctora me dejaba unas agujas que se caían solas, para preparar el hígado, el estómago y así ayudarme con las náuseas y los vómitos, incluso en las quimioterapias rojas. También usaba la acupuntura después de cada sesión como una especie de *détox*.

Estos tres temas (alimentación, la penca de sábila y la acupuntura) junto a un poco de ejercicio, me ayudaban a soportar la quimio. Incluso, algunos días, mis amigas me recogían y hacíamos un "*afterquimio*": ellas tomaban vino y yo agua, pero con la actitud, sobre todo de ir chuleando puntos en el tratamiento y celebrando que, cada vez, era una sesión menos.

Por supuesto que también hay otras precauciones muy importantes: durante el periodo de quimioterapias es mejor no ir a sitios públicos, ni montar en aviones, y si me tocaba ir, en esa época, a sitios llenos de gente, lo hacía con tapabocas. Incluso, uno antes de la quimio se hace un examen de las defensas y si estaban por debajo de 1 500 debía aplazar la sesión. Esto era lo peor para mí porque uno quiere que eso termine, pero ya. Así aprendí a tener paciencia, mucha paciencia.

Ejercicio y quimioterapia

Mi esposo es un deportista de alto nivel, hace *ironman* y tiene un estado físico como de treinta años. Durante mi tratamiento leía mucho sobre el tema y encontraba bastantes artículos de los beneficios de hacer ejercicio durante esta etapa.

Yo pude hacer ejercicio, al principio, mientras me hice las quimios rojas, y algunas de las blancas. Eso sí, compré colchoneta, laso y pesas. Hacía ejercicio en casa porque salir temprano o estar en un gimnasio con tantas personas, con las defensas bajitas, podría enfermarme. No podía hacer una rutina con la misma intensidad de antes, debía ser mesurada y al mínimo síntoma de fatiga debía detenerme. Siempre debía estar acompañada y consultaba antes al médico para estar segura de que lo que estaba haciendo era adecuado. Obviamente, cuando me hacía la quimio, cuatro días después no podía hacer ejercicio. Pero, cuando pasaban esos días, era como si me cambiara el *chip* y sentía felicidad. Era una serie que comenzaba con unos días de descanso, me desatrasaba y volvía al ejercicio. Los beneficios eran directos y se reducían los efectos secundarios de la fatiga y las náuseas, además de que así fortalecía el sistema inmunitario.

Hay que tratar de alguna manera de mantenerse activo, es bueno para la mente y el cuerpo. Así sea al caminar nos distraemos, liberamos serotonina, la hormona de la felicidad, que te ayudará en cualquier momento de tu vida. Por eso, también, si eres un amigo o familiar de alguien que está pasando por este proceso, invítalo a caminar, acompañarlo será una buena manera de estimularlo, conversar y distraerlo. Con el ejercicio y la compañía van a sanar su alma y aclarar su mente y tú te vas a sentir muy feliz de poder estar allí.

No perder la fe

Para mí la fe es clave para cualquier momento de la vida, incluso para las bendiciones, pero sobre todo en las adversidades. Tener esa fuente de luz en la que confiamos y nos arropa, es nuestro lugar seguro. Sin importar la creencia, cuando tenemos la convicción de esa fuerza superior tenemos la certeza de que todo va a salir bien. Uno delega para arriba, le delega a Dios.

Para mí refugiarme en el amor de mi Dios fue muy bonito, porque los momentos donde estaba más sola, tenía conversaciones con Él. En momentos así es donde la fe brota y florece. Cada uno ve dónde lo encuentra y cómo, pero es clave poder decir "es tu voluntad y aquí estoy listo". A mí me ha funcionado mucho. Cuando hay cosas súper difíciles, le digo a Dios: "Ayúdame tú, que hoy siento que no puedo con esto". Él te va a dar la fuerza, lo va a hacer por ti, y va a permitir que tengas la capacidad de reaccionar…

La fe también es una forma de acompañar al paciente, desde las creencias que cada persona tiene. Aún hoy conservo muchas imágenes de distintos orígenes, me las llevaban, con gran amor, diferentes personas. Yo me sentaba, en la noche, a hacer las novenas, más allá de esa creencia, era donde veía materializada la fe y donde estaba el corazón de cada persona, que me entregaba su alma, su creencia, desde la fuerza del amor. Por eso creo que es clave la fe en el paciente y poder acompañarlo, con respeto, desde el amor, y no desde el miedo.

Congelación de óvulos

Yo no tuve que hacerlo, pero si estás en edad reproductiva y quieres tener hijos, te recomiendo congelar tus óvulos.

Verónica tenía veintiséis años cuando fue diagnosticada con cáncer de mama. Iba a iniciar su quimioterapia cuando vio, en las redes sociales, un mensaje que decía que, antes de empezar las sesiones de quimio es recomendable congelar los óvulos o espermatozoides para no tener problemas de fertilidad en el futuro.

Ella de inmediato consultó en un centro de fertilidad en donde le informaron que, efectivamente, existe la posibilidad de que se agote la reserva de óvulos y que, además, era posible que entrara en una menopausia precoz. En los hombres el efecto de la quimioterapia es la afectación en la producción de espermatozoides, aunque en ellos suele ser temporal.

Por fortuna Verónica no había iniciado, consultó con el oncólogo y le permitió aplazar un poco sus quimioterapias para que, en el próximo ciclo menstrual, pudiera congelar sus óvulos. Hoy, ella se siente tranquila al tener una posibilidad de cumplir el sueño de ser mamá más delante.

Este tema es clave, pues los médicos no caen muchas veces en la cuenta de hacer esta recomendación y después puede ser muy tarde. Conozco muchas mujeres que tuvieron el tratamiento del cáncer en edad reproductiva y que no fueron informadas de estos efectos.

Capítulo 5

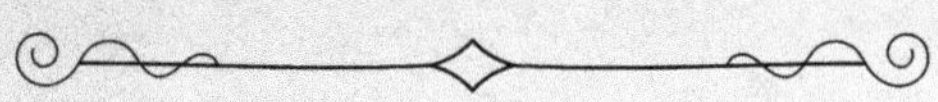

Las primeras quimioterapias

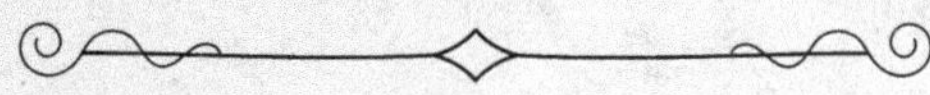

El soldado se comporta distinto cuando se pone el uniforme

La enfermera muy amablemente y cumpliendo su trabajo abrió un PowerPoint: "Vamos a empezar la primera quimioterapia. Vamos a estar entre siete y nueve horas, dependiendo de cómo responda tu cuerpo. En la primera hora, más o menos al 20 % de las personas les puede dar…".

Y ahí la detuve:

— No, no señora yo no quiero saber esto.

— ¿Cómo así?, dijo ella confundida.

— No, no quiero, respondí.

—Todas tienen que oírme para saber…

— Yo no lo quiero hacer, porque me sugestiono, dije de nuevo. Soy miedosa, prefiero protegerme. Yo firmo donde usted quiera y acá le dejo a mi marido para que él escuche y si tengo síntomas él sabrá qué es o no normal.

Con mucho tacto le agradecí y se lo dije… En realidad, me sentía muy agradecida con los médicos y confiada en las enfermeras y sabía que no todo era color de rosa, pero no quería meterle limón a la herida. Si pasaba algo, en ese momento me enteraría…Y sí, así fue.

Sigo pensando que fue una gran decisión porque cuando terminé el tratamiento, me di cuenta de que fueron muchos los síntomas que no tuve, tal vez por no poner el foco en ellos. Yo era inocente e ignorante y, en mi sanación, ambas herramientas fueron maravillosas. Aunque claro que comprendo que todos somos distintos y puede que a otras personas les funcione una decisión diferente. Debes conocerte para elegir.

Yo quería que esa quimioterapia fuera mi mejor amiga y no quería anticiparme a nada. Y listo entré, me llevaron a una sala con una silla *reclinomatic* y vista linda, amplia, con las sillas separadas, me senté ahí y puedo jurar que me sentía feliz de empezar. Lo primero que sentí fue un olor que, hasta el día de hoy, no he podido olvidar. No es el olor característico de los hospitales, es diferente, es una mezcla de medicamento con desinfectante que lo impregna todo. Otra cosa que no voy a olvidar jamás son los ruidos que hacen cada uno de los equipos de quimioterapia: *tu tu tuuu*, todos forman una armonía envolvente y narcótica.

Yo no quería que, por nada del mundo, me aplazaran esta primera sesión, aunque tenía un tris de gripa y me habían sugerido moverla para evitar tener efectos secundarios más fuertes. A mí no me importaba, era más la angustia de no poder empezar. Recuerdo que llegó la enfermera y me dijo: "Señora Lina, usted no quiere que le expliquen mucho de lo que le vamos a hacer". "Sí muchas gracias", respondí, "yo quiero todo sorpresa", y sonreí. "Pero eso sí, cuando me vaya a pasar el líquido de la quimioterapia me avisa".

Ese día me fui "como un postre", una expresión muy propia de mi ciudad para decir que estaba súper arreglada: de tacones, maquillada y con unos aretes gigantes. Quería pensar en un encuentro bonito, salvador, no en la muerte. Para mí arreglarme era una manera de decirme: "Vas a estar bien". Yo, aun en las últimas quimioterapias, donde físicamente me sentía tan débil y limitada, me arreglaba hasta donde era posible. Aunque ya no pudiera usar tacones, el mensaje a mi mente y a mi cuerpo era que había vida, ganas y fuerzas para darlo todo. Yo siento que la actitud hace la diferencia, el soldado se comporta distinto cuando se pone el uniforme y yo, cuando me pongo tacones, me siento empoderada. Entonces me arreglaba, me ponía aretes y collares: era mi cita con la vida.

Empezaron a pasarme los líquidos previos y, mientras tanto, fueron llegando a la sala de quimioterapia otras personas más cancheras, para quienes era evidente que esta no era su primera vez, como sí lo era para mí. Venían con turbantes y pelucas. Se sentaron, me saludaron y sonrieron amorosamente. Hablaban entre ellas. Yo estaba ansiosa pero dentro de todo me sentía tranquila. Llegó la enfermera y me dijo:

— Ahora sí, esta es la primera quimioterapia roja.

— La que me va a salvar la vida— dije.

— Así es, no lo dudo. Sonrió y se fue.

Ellas no oyeron eso, pero preguntaron si era mi primera quimioterapia.

"Ay, qué pecado. Ya te va a empezar a doler la cabeza", "Eso no, como amanece uno mañana", decía la otra. "¿Mañana? No, el tercer día que uno se quiere morir, o mejor dicho se muere en vida", decía otra de las "colegas" que estaba allí… "Yo vomito hasta el bizcocho de la Primera Comunión". "Yo no me paro de la cama". "Yo no abro la ventana". "No tolero ni la luz..." etcétera... Cada cosa que la una decía era peor que la de la anterior...

Eso era lo último que yo quería escuchar. Mi cuerpo se empezó a tensar, me dieron ganas de llorar y hasta quería taparme los oídos con las manos, así que, angustiada, le timbré a la enfermera: "Tengo que ir al baño, pero con la quimioterapia", pedí.

Me paré y me fui, cerré la puerta, respiré profundo y me senté en el sanitario con los ojos cerrados. Para mí, lejos de ser un líquido que me hiciera sentir mal, la quimioterapia era lo que me iba a salvar la vida, solo gracias a ella iba a poder vivir. Entonces, en esos minutos, le hablé a mi quimioterapia, la tomé entre mis manos y con mucha convicción y fe le dije: "Te doy la bienvenida a mi cuerpo, te estoy esperando con mucho amor y te agradezco porque existes, porque tengo la posibilidad de tener acceso a ti. Te doy un saludo con ganas. Yo no veía la hora de empezar, porque tú has venido a salvarme la vida".

Yo sabía que esas personas no lo dijeron de malas, era su experiencia, se sentían generosas al decirme que no estaba sola. Pero para mí, la quimioterapia no era mi enemiga, era mi mejor amiga, era la que me iba a salvar y me sentía afortunada de tenerla. Hoy, mientras lo recuerdo, lloro. Pienso en ese primer momento en que le hablaba en voz alta y las lágrimas me corrían por la cara. Terminé, la besé y salí empoderada, fuerte y segura, de que esa declaración de amor y esa amistad que comenzaba ese día, iba a ser maravillosa. Estaba segura de que nos íbamos a amar, a respetar y a cuidar.

Puedo decir que las dieciséis quimioterapias, *aunque no fueron unas vacaciones en la playa*, nunca fueron lo que me imaginé, ni lo que vi en las películas, le escuché a las señoras, o lo que vi en las personas más cercanas. No fue así, porque la quimioterapia se portó conmigo como una amiga generosa, a quien recibí con amor y gratitud.

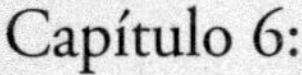

Capítulo 6:

Lina, la bloguera

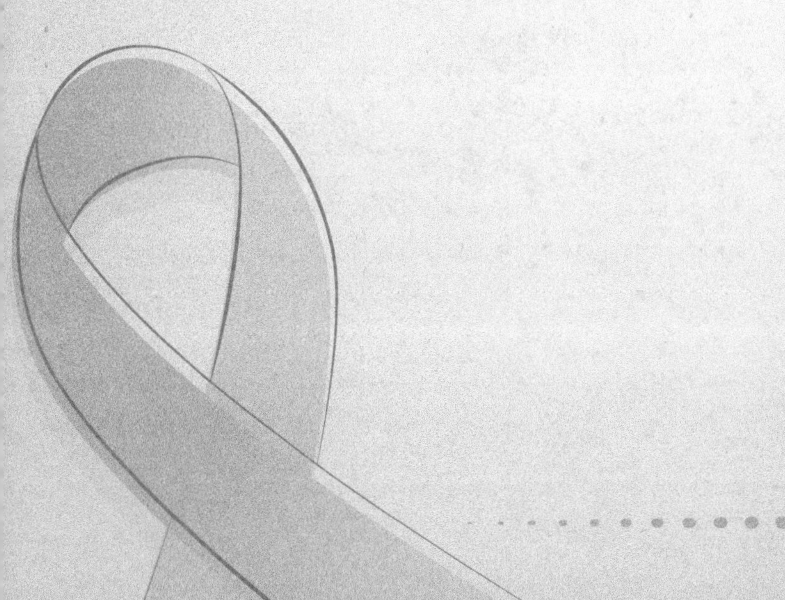

A raíz de la recomendación de Walter, de escribir lo que sentía, empecé a hacerlo en las noches cuando todos se dormían. Nadie sabía, pero yo iba escribiendo lo que pensaba, lo que sentía y fue increíble como hacerlo era, no solo revelador, sino tan sanador. Era una especie de catarsis que, de manera íntima, tenía conmigo misma.

Un día pensé que no quería que mis palabras se quedaran en un papel y que se perdieran. Por eso me acerqué a mi sobrina mayor, que además es mi amiga y sabía que guardaría mi secreto, y le pregunté si conocía algún programa para yo poder guardar todo lo que había escrito en mi computador, con un orden cronológico.

— Tía, ¿por qué no haces un *blog*?

— Noooooo, no quiero que nadie lo vea, esto es solo para mí.

— No importa, no le contamos a nadie y está en la nube protegido.

Y así lo hicimos. Yo le mandaba mis archivos y ella me lo subía al *blog* al que le pusimos el nombre: "Poniéndole el pecho al cáncer". Yo escribía pensando que, si el día de mañana no estuviera, quedaría un bonito recuerdo para mi marido y mis hijos, y mi sobrina tenía la instrucción de hacerlo así. Escribí libremente, como hablo, como soy, sin releer, sin revisar, sin editar, era como escribir en ese diario que tuve a los doce años, lo hacía a mano en las noches y lo transcribía a un archivo de Word al día siguiente.

Era un jueves 14 de noviembre, tres meses habían pasado de mi diagnóstico y en mi *blog* ya estaba registrado todo lo que había sentido a nivel emocional durante ese tiempo. Justo ese día, una periodista me había hecho una entrevista y en la conversación, seguramente, utilicé la frase de estar "poniéndole el pecho al cáncer". Ella, en su trabajo investigativo, encontró mi *blog*, lo leyó, le impactó y como un acto de generosidad y amor lo compartió en su Facebook.

Era ya de noche, yo estaba en el concierto de Luis Miguel cuando empecé a ver que mi sobrina me llamaba insistentemente:

— Tía, se metieron a tu *blog*, me decía al otro lado.

— No te escucho nada.

— Se metieron a tu *blooooog*.

— No oigo, si es algo urgente escríbele a Juan Luis que me voy a quedar sin pi…

Y efectivamente me quedé sin pila y, por obvias razones, ella no le escribió nada a él. No volví a pensar en eso, no sería nada tan importante porque ella no le escribió a mi esposo.

Llegamos a la media noche a casa y cuando puse a cargar mi celular empezaron a entrar mensajes y mensajes de ella:

— Tía se metieron a tu *blog*.
— Tía van 100 personas.
— Tía van 300 personas.
— Tía van 500 personas.
— Tía subí una foto tuya.

Grité, "Noooo, ¡se metieron a mi *blog*!". "¿Cuál *blog*?", preguntó mi marido, quien bien inocente no sabía que era uno de los protagonistas. Me sentí fatal, era mi intimidad, era mi catarsis, nadie tenía porqué conocerlo, se me salieron las lágrimas de impotencia. Entré a Facebook y descubrí que fue por ahí donde se había viralizado en horas, mis amigas lo compartían con orgullo y así llegó a las personas que luchaban contra esta enfermedad. Encontré muchos mensajes por el interno de quienes no eran mis amigos: "Señora, no la conozco, me compartieron su *blog* y quiero agradecerle desde mi alma, me sentía incomprendida. Leerla me permitió entender que no estoy sola. Hoy por primera vez en muchos días siento paz y veo este aprendizaje diferente. GRACIAS".

Fue automático mi alivio, entendí el mensaje que me daba la vida: "A veces uno busca el propósito, otras veces el propósito lo busca a uno". Era demasiado sacrificio exponerme así, pero detrás de ese mensaje había muchos más por el estilo. Entendí que recibir el testimonio sin tapujos de quien siente y sufre como uno, es sanador para el alma, así como el tratamiento médico lo es para el cuerpo. Seguí escribiendo durante todo mi tratamiento, siempre pensando que "nadie lo leería". El *blog* tuvo miles de descargas en todos los continentes y ahí validé que, no importa dónde vivas ni cómo vivas, a la hora de enfrentar el dolor y el miedo, todos somos iguales.

A raíz del *blog* me invitaron a Televida, un canal regional de televisión, a un programa con el mismo nombre, en el que realizan entrevistas a pacientes con cáncer de mama, hombres y mujeres. Sí, esta enfermedad también le da a los hombres. Hicimos una primera temporada mientras yo estaba en tratamiento y tuve que suspender las grabaciones por mi estado de salud al final. Después retomamos, cual serie de Netflix e hicimos una "segunda temporada" ya sana, con pelo crespo y sintiéndome más viva que nunca.

Tanto el *blog* como algunos programas están actualmente en mi página web:

www.linahinestroza.com

Capítulo 7

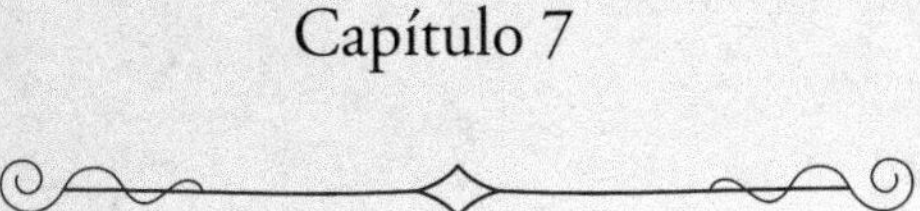

El pelo

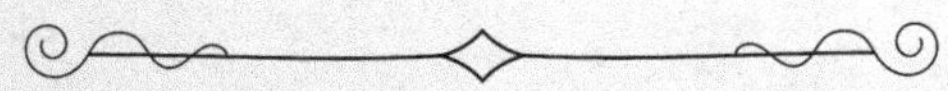

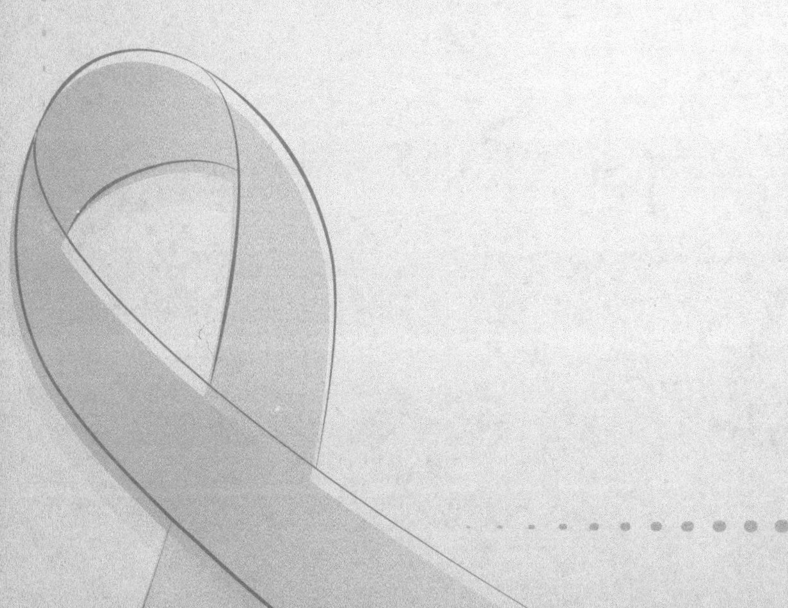

No tener pelo no es muerte

"¿Y si no tengo pelo sí seré mujer?", me preguntaba.

Me hice esta pregunta antes de que se me cayera el pelo, me la hice mil quinientas veces. Me miraba por periodos largos, imaginando cómo podría verme, me imaginaba con peluca, sin peluca, en mi casa, en la calle. Fueron muchas los desvelos atribuidos a este tema, noches eternas donde no paraba de pensar en esto, el pelo fue el protagonista.

Es increíble, y además una constante en las pacientes mujeres, que después del miedo a morir, el segundo gran pánico sea imaginarnos con la cabeza como un bombillo. Es simpático pues todas, sin excepción, me preguntan por el tema, no sin antes disculparse por hacerlo porque sienten que es muy "banal" al lado del significado de la vida. Para mí es absolutamente normal, a todas nos pasa lo mismo, nos sentimos muy angustiadas por imaginarnos sin pelo. Lo peor es la doble culpa: nos sentimos mal porque se nos cae el pelo y también por sentirnos mal al ver que se nos cae el pelo.

Recuerdo que, en mi primera cita médica, cuando el doctor comenzó a explicarme los efectos de la quimioterapia, lo primero que me dijo fue que al 95 % de las personas se les cae el pelo. En ese momento dejé de escuchar. La cita duró dos horas más, pero mi mente se nubló y no supe qué más me dijo. Por suerte mi marido estaba conmigo.

A muchas de nosotras nos da vergüenza admitir lo mucho que nos angustia imaginarnos sin pelo, pero yo trato de ver esto como un tema cosmético que, aunque da durísimo, es una renuncia temporal.

Sí, nos vemos distintas y hay que hacer un trabajo interior para ver la belleza que va más allá de estos atributos o de las creencias con las que crecimos. También es una pregunta por cómo tenemos definida la feminidad.

Por más que lloremos o pataleemos, somos responsables de lo que haremos con nuestro propio futuro, empoderarnos es la clave así nos cueste, así nos duela. Aceptar los cambios, mirarse y decirse cosas bonitas se vuelve un compromiso con uno mismo que después será un hábito para el resto de la vida. ¡A mí ya a veces hasta se me va la mano!

La lección más grande: el desapego

Tremenda lección que viene con el cáncer: el desapego, la más grande de todas. Por ejemplo, mi historia con el pelo es particular. Yo tenía un pelo feo en el colegio y me decían pelo de "trapeadora" y sufrí mucho en mi adolescencia con el tema. Me dolía mucho el sobrenombre, pero cuando me lo veía en el espejo, como esponjado, tieso y sin vida pensaba que tenían toda la razón. Lloré, le hice resistencia, pero de repente se me volvió una oportunidad y un reto. Le trabajaba al pelo, me ponía huevos crudos, mayonesa, aguacate, de todo. Hacía todo lo que saliera en cuanta revista leía a mis doce años. Y después con el desarrollo hormonal del paso de la adolescencia, y de la magia del acondicionador que llegó a Colombia, mi pelo empezó a transformarse y pasó a ser el más lindo. Hasta hice una campaña de televisión de pelo, el más largo, el más sano. Quiero contar esto para que entiendas lo que para mí significaba el pelo, yo que luché por tenerlo lindo y ahora me iba a tocar desprenderme de él, entregarlo.

Mis amigas lo sabían, mis compañeras de clase eran las mismas que me hicieron *bullying* y que hoy en día nos adoramos. Ellas pensaban: "¿Cómo va a pasar Lina de ese pelo tan largo, a no tener pelo?". Entonces me hicieron una fiesta sorpresa. Tenían una peluquera, una de ellas es maquilladora, y prepararon copas de vino, bombas y los mazapanes en forma de lazo rosa que me fascinan. Y, efectivamente, la fiesta era para cortar el pelo, cada una me cortaba un pedacito a la altura del hombro y hacían nuditos. Con ese pelo iba a hacer mi propia peluca, una que media más de los treinta centímetros que es, en teoría, lo mínimo que debe tener y quedaría perfecta. Nadie, al parecer, se daría cuenta de que iba a estar calva.

En esta enfermedad el agridulce permanece, hay momentos de llorar y de reír, pero lo importante es que no dejemos que solo nos gobierne la tristeza. Yo siempre estaba buscando mi rayito de luz para cambiar la mirada. Y aquel gesto fue hermoso. Si eres amigo o familiar y tienes la posibilidad de hacer algo similar, es bonito que empiecen a hacer el cambio de *looks* porque la transición no es fácil solos. La verdad esta idea de mis amigas fue maravillosa, facilitó mucho ese camino y me gustó mi corte, me decía a mí misma puros mensajes positivos, hablaba sola, me decía: 'Este pelo se me ve bien'. Me hacía *autocoaching*. Me motivaba y protegía yo misma mucho, mucho es mucho.

Después llegó la primera quimioterapia. Me habían dicho que a los quince días se me podría caer el pelo. Esa incertidumbre me mataba, yo me lo jalaba y seguía firme. Me perdí de nuevo en la fantasía, pensé que hacía parte del 5 % que conserva el pelo. Me imaginaba: 'Voy a dejar locas a las enfermeras con mi pelo intacto'. Estaba feliz. Recuerdo que justo un día me acosté a dormir y, cuando me desperté, la almohada estaba negra. Mi pelo estaba ahí, ya se había caído. Era una realidad, era parte del 95 %. Me impresionó, me jalé los pedazos que me quedaban en la cabeza. Yo me quería rapar de inmediato.

Tomás, mi hijo, me vio y me dijo: "No te hagas así mamá, déjatelo por favor un poquito más" … Entendí que él también estaba en su proceso. Me preocupaba mucho que mis hijos sufrieran en medio de su adolescencia y, aunque yo era la paciente, estábamos viviendo un aprendizaje en familia. Como su mamá quería que fuera lo más suave posible para ellos. Me quedé un tiempo así, me lavaba el pelo con mucho cuidado. Sin embargo, los días siguientes iba dejando pelo por donde caminaba, como las migajas de Hansel y Gretel. Hasta que, un día comiendo con mi familia, recuerdo perfecto, que dije que no con la cabeza y se me cayó más pelo. Fue como ver caer las hojas de un árbol en otoño. Ahí les dije a todos, incluido mi hijo adolescente: "Llegó la hora".

Y llegó la hora

Mire a Tomás y le dije: "No, mi amor. Mira, ya no más. Ya no aguanta más, ya me lo voy a cortar. Hagamos una cosa, háganlo ustedes". Yo quería que mis hijos lo hicieran pues para los adolescentes el aspecto físico es muy importante. No sé si les daría vergüenza o miedo ver a su mamá así, pero si participaban del tema, con seguridad lo iban a interiorizar mejor. Me senté en un banco en mi baño, les di las tijeras y cada uno fue cortando un pedacito. Mi esposo empezó a pasarme la máquina mientras yo le daba la espalda al espejo. Podía verle la cara de los niños que se veían como acongojados y me dolía el alma. Yo les sonreía y les decía: "Niños, ustedes están en una época donde la aceptación, la belleza es muy importante, pero quiero que recordemos esto con mucho amor, porque estamos aprendiendo que la belleza, así como la fama o el dinero se van. Por eso no debemos poner todo nuestro énfasis ahí y mucho menos depender de eso para ser felices".

Tomás me preguntó si iba a estar sin peluca cuando estuviese en la casa y le dije: "Te voy a decir algo, cuando me veas así, no pienses que estoy enferma, sino que me estoy aliviando. Si estoy calva es porque el tratamiento está haciendo efecto".

Mi esposo terminó de raparme. Él obtuvo un doctorado en rapados. Con mucho estilo finalizó la tarea con la crema de afeitar para pulir y, antes de voltearme, mi hija me maquilló y me puso color en los labios. Me pidieron que cerrara los ojos. Mientras escribo esto, también cierro un segundo los ojos. Siento de nuevo cómo el corazón se me iba a salir. Tenía a mis tres hijos al lado, de doce,catorce y dieciséis años mirando fijo y absorbiendo información de cómo su mamá manejaba las adversidades. No dejaba de pensar en ellos y en que iba a ser una mujer valiente y les iba a demostrar que ser diferente era valioso y fundamental en la vida. Ellos contaron hasta tres: uno, dos y tres. Respiré profundo y abrí mis ojos: cuando vi que ese pelo que había soñado se fue, todo lo que me repetí es que era fuerte y valiente. Sin embargo, perdí la fuerza, se me olvidó que tenía a mis hijos al lado y, en segundos, se me llenaron los ojos de lágrimas incontenibles. Mi hijo, él que me había preguntado si iba andar calva por la casa, me abrazó y me repitió lo que minutos antes yo le había dicho: "Mamá, cuando te veas calva no vas a pensar que estás enferma, sino que te estás aliviando".

Solo al recordarlo me tiemblan las manos. Los hijos nos sorprenden todos los días y cada uno es un maestro diferente, y por ellos, por ver crecer lo que hay en esa alma, y en ese corazón, yo necesitaba jugármela toda, toda, y mucho más.

¿Será que me pongo peluca?

Después de compartir en familia ese proceso tan valioso con mis hijos y mi esposo, no fue fácil. Sentí un chuzón en el estómago, y pensé: *'Me va a doler, pero no voy a sufrir. Es temporal. Me va a doler, pero no voy a sufrir. Es temporal. Me va a doler, pero no voy a sufrir. Es temporal'.* Repetía mi mantra.

Tuve un hermano que murió cuando yo tenía quince años. Pero antes había tenido un accidente de tránsito, a sus veintitrés años, en el que perdió su brazo izquierdo. Cuando empecé el tratamiento, yo le decía a mi esposo: "Si me ves llorar desconsolada por el tema del pelo te pido que me recuerdes que, a Diego, mi hermano, nunca le creció de nuevo la mano". Cuando tuve momentos de angustia previos a la caída del pelo, con la sensación de lo desconocido, yo me repetía eso. Cuando salía del baño y me dolía verme en el espejo, me repetía: "Esto va a crecer, no me voy a quedar así. No le voy a dar vueltas a una cosa de la que no tengo el control".

Ya tenía la peluca, la que me hicieron luego de la fiesta con mis amigas. Era idéntica al corte de pelo que tenía en aquel entonces y, como era con mi propio pelo, pues parecía real. La señora que me hizo la peluca me dijo: "Cuando ya no tengas el pelo, tráemela y la pulo contigo puesta porque si no, no queda bien".

Entonces me levanté y me fui con la peluca y mi esposo. Llegué donde esta señora que me la dejó perfecta. Me la puse en mi cabeza y de una me empezó a picar. Yo dije: "Dios, no me voy a aguantar esto". A mí que usualmente me pica todo, y me estorban las marquillas y me tallan hasta las medias. Me rascaba demasiado. Mi esposo sintió mi incomodidad y me dijo: "Linda, quítate esa peluca. Quédate así". "¿Seguro no te importa?", le respondí. Me daba susto que él sintiera vergüenza de tenerme a su lado siendo calva. Tengo que confesarlo, pero él me respondió "Para nada". No me quería quedar así, pero lo vi con tanta determinación que me puse a prueba y dije: "Listo, qué susto, pero así me quedo".

Luego de estar ahí seguíamos a una misa en el hogar geriátrico donde vivía mi suegra, un lugar muy lindo, con puros ancianos. Y en serio, ¿hay alguien más imprudente que un anciano? Entramos, algunos me vieron, se codeaban y me señalaban. Como si hubiera llegado la mismísima calavera, hasta al padre se le dificultaba disimular. Casi que la misa se paralizó, yo me sentía mal, me dolía el estómago. Mis hijos estaban ahí, me vieron salir de la casa con peluca y luego les llegué así. Estaban mis cuñados, mis sobrinos, me sentía rarísima, pero me hacía la fuerte, tragando mi llanto y mis gritos, haciéndome la que nada me importaba, pero con mi corazón hecho pedazos.

Después de la misa teníamos un almuerzo y había una tía de mi esposo que era mayor que mi suegra y que estaba algo enfermita de la cabeza. Ella me dijo: "Mijita, venga, ¿Quién la peluqueó así?". Le dije: "Ay, es que me cortó el pelo Juan Luis". "¿Juan Luis? Mijita, él es muy buen ginecólogo, pero muy mal peluquero. No le vuelva a poner la cabeza". Nos reímos mucho con ese comentario.

Después de las tres de la tarde me dijo mi hijo menor: "Llamaron del almacén de mis gafas de leer que están listas, ¿vamos al centro comercial por ellas?". ¿Había algo más difícil para mí? No. Mi esposo como que no pensó en eso y respondió: "Listo y comemos helado". Yo me quería morir. ¿Cómo me iba a ir así? Un sábado eso estaría a tope ¡No me sentía lista! Pero no fui capaz de decir que no, sentía que debía ser valiente. Llegamos, me bajé, respiré profundo y me repetía: *"Es temporal, no voy a sufrir por esto. Me duele, es inevitable, pero decido no sufrir"*. Mi esposo me cogió de la mano y empezamos a caminar. Yo jamás había visto a una mujer calva en la calle, recuerdo. De repente, todo el mundo me empezó a mirar. La gente se codeaba, frenaban, me señalaban. Me encontré con amigas que no sabían que tenía cáncer, y era inevitable que se pusieran a llorar delante de mí. Fue duro recibir esas miradas de miedo y dolor. Sin embargo, recuerdo que, en un almacén, una señora que estaba pagando me dijo: "Yo la felicito. Qué bien se ve así, qué guapa es usted".

Otros me sonreían. Yo me sentía fatal, se me hizo eterna esa tarde. Cuando por fin nos fuimos, íbamos bajando por las escaleras eléctricas hacia el parqueadero, escuché que mi hijo menor le dijo al papá: "Yo no sabía que tenía una mamá tan valiente". Sentí un amor y una felicidad inmensos, era como si ya le empezara a poner un propósito a esto, porque los papás no enseñamos con la palabra, sino con el ejemplo. Me dieron ganas de confesarle todo el miedo que había sentido porque, la verdad, yo tampoco sabía de lo que era capaz. Pero haber demostrado que ser diferente estaba bien, me dio fuerzas para no usar más la peluca.

Al principio no fue fácil. Toda esa tarde evadí mirarme en las vitrinas o en el espejo del baño, me daba miedo derrumbarme. Pero también sabía que tenía ese pendiente, esa cita conmigo, debía cumplirme e ir a verme. Cuando llegamos a la casa cerré la puerta y me quedé mirándome en el espejo un rato. Me dije: 'Esta es la Lina de ahora. Esta soy yo'. Se había ido mi pelo, sí, pero estaba maquillada y eso me hacía sentir más segura, femenina y mujer. Mientras volteaba la cabeza, me reconocía en mi nueva realidad. Me salían las lágrimas solas, no tenía control sobre ellas, y me sentía mal. Era paradójico, cerraba los ojos y me decía: 'Perdóname por esto, Dios mío'. Era pasajero o banal, pero igual lloraba, no podía parar mis lágrimas. A continuación, me hice la siguiente promesa:

'voy a llorar hasta acá, voy a sentir este dolor y vivir este proceso de duelo y, cuando me vuelva a salir el pelo, lo cuidaré igual o más, pero, por ahora, esto es lo que hay. Así me voy a amar, honrar y respetar, porque esto es vida'. No fue fácil, me costó mucho salir sin pelo, sobre todo los primeros días.

Otro día, fui almorzar con mis amigas. Cuando iba a entrar al restaurante, había una mesa llena de mujeres. Yo me imaginé que todas me iban a mirar. Por eso, cuando pasé la mesa, volteé la mirada y las cogí *infraganti*. Las miré con rabia, pero después reflexioné: 'A ver Lina, por qué las juzgas, ¿tú no harías lo mismo? Si nunca has visto una mujer calva en la calle, ¿no la mirarías también?'.

Fue de esta manera como la renuncia al pelo me generó todas estas conversaciones que nunca había tenido conmigo misma. *Me reconocí en mi lado más vulnerable, en mi ego, me conocí en lo más humano y en lo más banal, me amé y me odié, pero finalmente me acepté, y ese es un aprendizaje.*

Al tercer día me fui a mercar. Era simpático porque sentía una contradicción entre mi ego y mi alma. Mi alma me decía: "Vas a ser señal de vida, no de muerte, ¿qué tal si una mujer va a pedir su cita de control si te ve ahora y puede llegar a tiempo y salvar su vida?". Me fui al supermercado, como con una llama prendida en el estómago, la angustia, y le pedí una señal a Dios: "Ya me diste algo de paz con lo que me dijo Simón, pero necesito otra para estar tranquila con esta condición. Necesito una señal". Y sí, la recibí.

La señal que esperaba

Llegué al supermercado e hice el recorrido normal. Cuando me acerqué a la caja registradora se me acercó una mujer de unos treinta y ocho años y me dijo: "Señora, yo la vengo siguiendo desde que la vi en las verduras hace media hora. Me impactó mucho su cabeza calva y me sorprende mucho cómo la gente la mira con admiración (yo pensaba que me miraban con lástima). Le voy a decir porqué Dios me la puso acá: hace cuatro meses fui diagnosticada con alopecia, una enfermedad que hace que se caiga el pelo, y se me empezó a caer todo, y entré en una depresión tremenda, no me podía parar de la cama, sentía que el mundo como mujer se me había acabado. ¿Una mujer sin pelo? Sentía que ya no sería mujer. Por fortuna estoy acá, tuve que venir urgente por una inyección, pero ahora me doy cuenta de que no fue por eso que vine: fue a verla a usted, sonriente con sus aretes, con su maquillaje, sus tacones y su cartera, y, ¿sabe qué señora? Yo a usted la veo tan mujer, tan bonita, que yo mañana me voy a levantar, me voy a arreglar, me voy a rapar el pelo que me queda, me voy a poner mis aretes, mis tacones y saldré de nuevo a la calle, me voy a sentir mujer y me voy a sentir viva. Mañana me voy a levantar por usted, porque me devolvió las ganas de vivir".

Por supuesto ambas lloramos, nos abrazamos y de inmediato vimos que la cajera, el empaquetador y los demás presentes estaban igual. Lloramos todos y en ese momento dejé de sentir la angustia, la llama en el estómago se apagó. Me monté en el carro y, llorando, con sonrisa de felicidad y gratitud, le dije: "Gracias Dios, por fin le encontré un propósito a mi calvicie". Sentí que llevarla con honor era una señal de vida y que no debía estar triste por eso…así el dolor y la pena se fueron para siempre.

Una señal de vida

Lo mismo le pasó a mi amiga Mónica, quien había tenido cáncer tres años antes y había usado peluca todo el tiempo. Cuando yo empecé mi tratamiento ella me recomendó un lugar para mandarla a hacer, me dio todos los *tips* del mantenimiento y demás. A ella le reapareció el cáncer, durante mi tratamiento, y tuvo que hacerse unas pocas quimioterapias, que harían que perdiera el pelo nuevamente. Después de haber sido testigo de lo cómoda y feliz que yo estaba con mi "calva al aire", me llamó llorando: "Lini, dame argumentos para yo quedarme sin peluca, porque la vez pasada no fui capaz ni en mi casa, dame un argumento. Porque no quiero ser una señal de muerte". Le respondí: "Tú no vas a ser una señal de muerte, tú eliges como quieres que te vean, ¿qué tal que le salves la vida a una persona que, al verte, le recuerdes que hace mucho no se revisa? Serás una maravillosa señal de alerta, te lo garantizo que sí. Recuerda, cómo te hablas, así te ven, lo que creemos lo creamos".

Ella se empoderó y cuando ya era el momento, se rapó en casa y se fue a arreglar las uñas a la peluquería. Me mando una foto toda orgullosa, con aretes y calva y estuvo así, tranquila. Regresó a su casa y a la semana volvió a la peluquería. De pronto me llamó de nuevo llorando: "Lini, no me vas a creer, imagínate que cuando fui hace ocho días a la peluquería y volví ahora, me encontré a la señora de la recepción, y me dijo, 'Señora Mónica, vea yo la vi a usted la semana pasada y me acordé de que tenía una citología y que no me la había hecho y salí y pedí mi cita y me encontraron una cosa que no está bien y me operaron de urgencia. Estoy incapacitada, vine hoy solo porque sabía que usted venía, a darle las gracias, porque me salvó la vida'". Ella lloraba de felicidad, se dio cuenta de que era una señal de vida, y desde ese momento salía con su boca de color rojo, su sonrisa contagiosa, y su calva, ¡radiante y feliz!

A ratos añoraba mi pelo, claro que sí, pero estaba consciente de vivir el presente. Cuide mucho de mi calva: en el día le ponía antisolar y, en las noches, me ponía gorros para el frío. Al principio tenía que rapar los pocos pelitos que sobrevivían por ahí cada dos días. Mi esposo me ayudaba y, obligatoriamente, usaba la crema de afeitar para no irme a lastimar. Con el paso de las quimioterapias iban desapareciendo esos pelitos resistentes para darle paso, al mes y medio, a una calva hermosa y brillante sin un solo folículo piloso a la mano.

Yo empecé a disfrutar la ducha: me bañaba lento, sentir el agua en la cabeza limpia era delicioso, había cambiado el champú y el acondicionador por jabón para bebé. El baño se volvió mi lugar favorito. Me metía por largos ratos, mejor dicho, hasta que terminaba el agua caliente. Era un lugar para pensar. Cuando tenía un momento de angustia me bañaba, era perfecto porque las lágrimas se fundían con el agua y, a veces, ni yo misma me había percatado de que había empezado a llorar. Era el lugar para hacer catarsis a cualquier hora y era sanador, los miedos fluían con el agua y el jabón, y yo salía limpia, diferente.

Hoy recuerdo este proceso de aceptarme sin pelo con mucho orgullo y siento que, para mí, prescindir de la peluca fue un gran acierto. Se trataba de enfrentar mi realidad intensamente unos días y tener, a cambio, meses de tranquilidad. No me imaginaba yo, con mi personalidad, tener que llegar a casa en la noche, quitarme la peluca y vivir una y otra vez el duelo de verme calva.

Lo más bonito de este proceso es que no hay nada escrito sobre piedra. Cada persona tiene un ritmo, una cadencia y un estilo de vida que le hace más sentido en una situación u otra. Cada persona lleva su proceso a su manera, y no tenemos que parecernos ni hacer todo igual. Lo que importa es encontrar la forma de regular nuestra alma, para hacer de este proceso algo más tranquilo y, en mi caso, más hermoso. Te invito a encontrar la forma que esté más alineada contigo.

¿Las pestañas y las cejas también se caen?

Increíble, a mí me dijeron que se caería el pelo, pero no sé por qué nunca consideré las pestañas y las cejas como pelo. Sin embargo, los medicamentos de la quimioterapia son tan potentes para las células cancerígenas, que también ataca las células del pelo, no solo el cuero cabelludo, sino los pelos de todas partes: vello púbico, brazos, piernas, cejas y pestañas.

Así fue como un día me sequé la cara con una tolla y, de repente, la vi llena de unos pelitos chiquitos. No entendía de dónde venían. Busqué el espejo y apenas me miré, me di cuenta de que no tenía cejas ni pestañas. Esa fue otra sorpresa. Parecía como si me las hubieran borrado y, claro, me asusté, me impactó. "Es temporal", me dije, "Y tiene solución". El nudo en la garganta que llegó, por unos segundos, desapareció.

Al otro día compré una sombra especial para pintarme las cejas y aprendí a hacerlo todos los días. Al principio, me quedaba una más arriba, otra más redonda, más larga, más corta, en fin. La práctica hace al maestro, y después me volví ¡una experta! Así empecé a solucionar, de esa manera, mi realidad, y gané con honores esta otra lección de desapego, que, aunque dolía, me recordaba que no iba a sufrir, las pestañas y las cejas volverían después y con mucha más fuerza.

El 'parche'

Este tema del pelo es mágico porque le enseña mucho a uno y a los demás. Sobre todo, en lo que algunos jóvenes llaman "ser el parche". Por aquel entonces a mis hijos les parecía lo peor ser el diferente. En la adolescencia todos se visten, caminan y se peinan igual. El que no tiene celular, es el parche, el que no tiene el cuaderno X, es el parche, etcétera. Sobre esto tengo otra historia muy linda y significativa que me conmovió mucho:

Mi hijo del medio empezó a ir a las celebraciones de quince y llegó afanado un día afirmando que necesitaba una camisa negra de manga larga para una fiesta. Le dije que tenía muchas camisas, blancas, grises. Pero no, él quería una negra, porque todos sus amigos iban a ir así. Mi respuesta fue: "Ah, no, mi amor. Lo siento mucho, tú tienes camisas, no te voy a comprar otra, eso es innecesario". "Ah, no, mamá, ¿entonces yo voy a ser el parche?". Le dije: "Mírame, ¿en serio tú me estás hablando a mí de ser el parche?". Él me miró la cabeza y me dijo: "Mamá, no me compres nada, tienes toda la razón". Se fue para su fiesta con la camisa blanca y me mandó una foto con todos sus amigos, con unas bombas lineales haciendo la forma del lazo del cáncer, todos de negro, y él de blanco, orgulloso, en el centro, con una nota que decía: "Mamá, aquí estoy yo, feliz de ser el parche. Aunque no soy un parche tan hermoso como tú".

¿Cómo no sentirme orgullosa de eso? ¿Cómo no agradecer que esa enfermedad me diera la oportunidad de criar y formar a mis hijos como unos jóvenes (hoy unos adultos) llenos de compasión, de valores, de tantas cosas que solamente en medio del dolor se aprenden? Por eso, a pesar de lo doloroso que estemos viviendo, la invitación es a empezar a "disfrutar" las cosas tan hermosas y los mensajes tan poderosos que hay detrás de esto. Sé que a veces, como mamás, queremos evitarles a ellos que también sufran, pero es inevitable, es parte del proceso y es lo que los forma y los hará grandes.

Capítulo 8

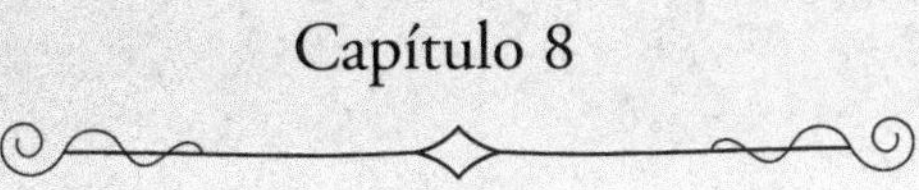

Además del pelo...

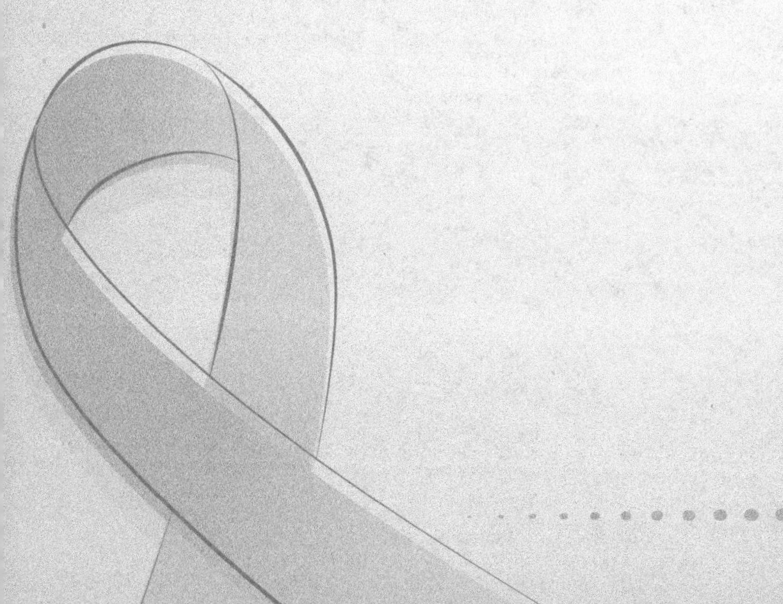

Las uñas

Cuando empecé a verme las uñas como distintas pensé: ¿En serio? ¿hasta las uñas entran en este juego? Pareciera que a la quimioterapia no le faltara detalle y uno se siente jugando a la lotería enumerando todo lo que empieza a comprometer: el pelo, las cejas, la piel, los dientes, todo. La buena noticia, pensé, es que, si finalmente sí llegó a impactar hasta la uña gorda del pie, quiere decir que me está cubriendo todas las células, de los pies a la cabeza, lo cual ¡me parece maravilloso!, que no quede ni un solo rincón sin tocar. El resto después se resuelve, por lo pronto necesitamos sacar cualquier vestigio del carcinoma.

Me explicó mi dermatólogo que las uñas, por ser células de crecimiento rápido, pueden verse afectadas. Aunque la verdad tengo amigas que no lo sintieron mucho allí, todos los cuerpos son diferentes.

Las uñas van deteriorándose poco a poco y, muchas veces, no es hasta la tercera o cuarta sesión que se hace evidente la afectación. Empiezan a volverse más frágiles, les salen estrías, y a medida que van avanzando los ciclos, se oscurecen y pueden llegar a caerse. En mi caso, dejaron de ser trasparentes y pasaron por una paleta de colores que empezó en amarillo, siguió al café y transitó por el morado, el azul y el negro. Para esta situación, no encontré mucho qué hacer porque es parte del proceso natural. Además del color, cambia la textura: pueden volverse más delgadas o gruesas. De hecho, hoy, tantos años después, todavía tengo una uña con un color diferente y más gruesa. Me hicieron unas recomendaciones claves que me parece importante compartirte:

Los médicos prefieren que uno no se las pinte por si hay que entrar a cirugía o cualquier otro procedimiento, pero tampoco es tan grave. Las mías estaban oscuras entonces me las pintaba siguiendo las siguientes recomendaciones: no cortarlas, sino limarlas; que los instrumentos para hacerlo fueran de mi propiedad; que llevara mis propias herramientas si me las iba a arreglar en una peluquería para evitar infecciones (teniendo en cuenta que uno está más vulnerable con las defensas bajas).

Lo otro es que no se recomienda, para nada, tener uñas permanentes o semipermanentes porque el gel es más duro y difícil de remover. Si hay una urgencia es mejor para no tener que lastimar la uña. También es recomendable no manipular mucho la cutícula, dejarla quieta y mantener las uñas muy hidratadas con crema sin alcohol. El quitaesmalte debe ser sin acetona. Si vas a lavar platos, hay que hacerlo con guantes porque las manos se ponen muy resecas. Debes consultar si, por alguna razón, se te cae una uña y sientes una sensación de calor o se ve más roja. Recuerda, siempre debes hablar con tu médico para evitar que entre una infección por ahí.

La piel

La piel es el órgano más grande del cuerpo y con un crecimiento celular rápido, por lo tanto, la quimioterapia también la afecta. Lo primero es la resequedad. Al menos en mi caso, empecé a sentir la piel opaca y seca. La recomendación era no bañarme con agua muy caliente ni muy fría, usar un jabón líquido neutro, como de bebé, que no altere el pH, y secarme suavemente. Hay que, incluso, empezar a usar una crema hidratante especial desde antes de la quimio, así sientas que no lo necesitas, para ir preparando la piel, porque se vuelve hipersensible. Yo lo hacía en la mañana y en las noches.

Otra recomendación cuando uno está hipersensible es usar ropa de colores claros, pues el negro atrae el calor.

Las palmas de los pies y las manos también se pueden hidratar ya que, a veces, llegan a enrojecerse y a despellejarse, como en mi caso. Recuerda antes siempre consultar a tu médico.

En el cuero cabelludo, cara y cuerpo se recomienda aplicar un buen bloqueador, incluso para estar dentro de la casa, porque las pantallas del celular o del computador pueden manchar y pigmentar la cara. Yo sufrí de manchas que me duraron muchos años, casi no logro quitármelas de la cara. La verdad no era muy juiciosa con reforzar el antisolar, solo lo aplicaba en la mañana y la idea es que, al medio día se haga de nuevo, sobre todo si estamos en un lugar expuestas al sol.

Para el pelo se recomienda, usualmente, lavarse la cabeza con un champú para pieles sensibles y después aplicar el protector solar.

Aunque yo no tuve radioterapias, sí las hay, puede haber descamación, ardor, dolor y hay que mantener el área limpia y muy seca para que no se vaya a infectar. Siempre debes consultar con tu médico si sientes algo doloroso o irritación.

Vitiligo[1]

Mi abuela materna no me quería mucho, yo le parecía "muy morenita". Ella era muy especial con mis primos y mis otros hermanos, menos con nosotros, los dos menores, que según ella nos habían dejado más tiempo del que se debía en el horno. Mi abuela tenía vitíligo, en su cara, en sus brazos, en sus piernas. A mí me impactaba tanto que la única conversación que recuerdo con ella fue cuando tenía aproximadamente siete años:

— Abuela, ¿tú porque tienes la cara y los brazos así?

— ¿Cómo?

— Así, como manchados, como sucios.

— Porque no como bien, me respondió.

Esta respuesta me impactó porque yo me alimentaba a punto de papitas fritas. Sobreviví muchos años así y, como era la menor de ocho hijos, mi mamá no me in-

1 El vitiligo es una enfermedad que causa la pérdida de color de la piel en manchas. Las áreas descoloridas generalmente se agrandan con el tiempo. La afección puede afectar la piel de cualquier parte del cuerpo.

sistía, ni tiempo tenía de mirar ese detalle y, además, yo era la niña y hacía lo que quería. En fin, lo cierto es que a partir de ese momento empecé a hacer más esfuerzos para comer bien y que no me fuera a pasar lo de la abuela, qué horror.

Sin embargo, el vitiligo llegó a mi piel, unos años después de la enfermedad. Llegó a reafirmar mi lección de desapego por la belleza. No puedo negar que al principio no me gustó: "Algo me faltará aprender", pensé. Le tuve un poco de resistencia e incluso era pendiente de las cremas que debía aplicarme con juicio, dos veces al día, así como unos rayos de luz de una lámpara especial. Pero de pronto, un día, hace unos años observé mis manos, que es el lugar donde lo tengo más fuerte, con otros ojos. Las vi hermosas, únicas y además útiles, completas, pues pueden seguir haciendo TODO lo que quieran, todo aquello para lo cual fueron concebidas. De manera que no volví a aplicarme nada y aunque cada día sigue creciendo, no siento absolutamente ninguna angustia de verlo allí. Por el contrario, me reafirma nuevamente la fragilidad de la belleza, lo pasajera y temporal que puede ser y agradezco a la vida porque haber tenido que enfrentar tantas lecciones en mi pasado con el cáncer me permita ver, en esta situación, un tema cosmético que no afectará para nada mi existencia y que no se llevará, en absoluto, mi paz.

Los problemas bucales

La quimioterapia y la radioterapia pueden producir cambios en los tejidos de la boca y las glándulas salivales. Esto puede alterar el equilibrio saludable de las bacterias y producir llagas, infecciones y caries dentales.

Yo soy obsesionada con el tema de los dientes: no puedo vivir sin la seda dental tres veces al día. Me impactó mucho conocer la historia de otra paciente que tuvo que dejar de usarla. Tuve la recomendación oportuna de hacerme una limpieza muy completa donde el odontólogo antes de empezar las sesiones. También me recomendaron usar la seda dental con cera y, a mí que me gustaba cepillarme muy duro, me tocó cambiar el cepillo por uno de cerdas muy suaves. El uso de la seda dental implicaba muchísimo cuidado porque, al paso de los días, sangraba con facilidad. De igual forma me lavaba los dientes de una manera muy delicada, cuidadosa, tratando de no tocar mucho las encías y finalizar, siempre, con el enjuague bucal sin alcohol.

Rápidamente llegaron las famosas llagas, esa reacción inflamatoria de la mucosa, que cubre las paredes del tracto digestivo, en la boca, el labio y la garganta. Fue muy incómodo, se me dificultaba mucho comer, incluso hablar. Empecé a hacerme enjuagues con bicarbonato y agua permanentemente y sentía que me servían un poco, pero no me sanaban del todo. Ensayé muchos, muchísimos medicamentos. Hasta una amiga me trajo uno del exterior y nada me servía. Me preocupaba sobre todo el peso que estaba bajando porque de por si comer, no me provocaba mucho, pero con ese ardor y dolor era imposible hacerlo. Un día, en una sesión de quimio le pregunté a la enfermera y me dio una recomendación que me sanó de inmediato:

1. Leche de magnesio
2. Acetaminofén líquido

3. Nistatina
4. Lidocaína

Mezclaba esos cuatro ingredientes, en partes iguales, para hacerme un enjuague con ellos, varias veces al día. Eso me curó. Se lo he recomendado a otras pacientes y les ha ido bien. Pero siempre, antes de cualquier cambio, recuerda consultar con tu médico.

Otra recomendación importante es mantener la boca húmeda siempre, tomar mucha agua, tener hielo. Es muy importante que los alimentos que ingieras sean fáciles de masticar y que lo hagas lento. Los alimentos deben ser húmedos, blandos, y debes evitar las salsas, ingredientes que te quemen la boca, así como lo muy tostado que te lastime, los cítricos, las cosas muy calientes, e incluso el alcohol que, entre otras, no es muy recomendable en esta condición.

La libido

"No me provoca nada, mi marido me va a dejar", es una frase constante en todas las pacientes que pasan por la Fundación. Pero no es para menos, el estado de ánimo, el nivel de energía y la sensación de bienestar disminuye o, en algunas etapas del tratamiento, desaparece. Por eso vuelvo y repito "Es temporal", esto le sucede a hombres y mujeres. Sin embargo, es evidente que las pacientes con cáncer de mama se sienten muy amenazadas desde su feminidad pues sentimos que somos mujeres si tenemos nuestro pelo, nuestros senos y la curva de nuestras caderas y, esta enfermedad se puede incluso llevar dos de las tres. Sin duda eso no juega a favor de la seguridad y la sensualidad. Todos los cuerpos son diferentes y es un tema para hablarlo directamente con el médico. Recuerda, después, cuando el cuerpo despierta, el deseo también reaparece.

El insomnio

En este tema sí que tengo una maestría. Ese trastorno del sueño es un problema muy común entre los pacientes con cáncer, incluso los puede afectar después del tratamiento. Yo soy el más claro ejemplo. Existen varias razones: algunos medicamentos parece que alteran el sueño, pero además la situación emocional también nos puede desvelar. Y es delicado porque cuando uno no puede dormir, se va agotando y esto, a la vez, genera unas consecuencias que no son sanas porque hay irritabilidad, dolor de cabeza, se afectan la calidad de vida, la memoria y la concentración.

Se determina que una persona tiene dificultades para dormir cuando se demora una hora o más para conciliar el sueño, o si se despierta durante la noche y se demora más de treinta minutos en volverse a dormir. A esto se le llama insomnio y es importante hablarlo con el médico a tiempo. Yo no manejé bien este tema. Me dejé coger ventaja, me empecé a agotar y generé un trastorno de ansiedad alrededor de dormir. Además, en las noches, esas que llaman las noches oscuras del alma, donde no tienes absolutamente nada de sueño y tu mente te sabotea, veía todo lo negativo, me hacía mucho daño y esto me generó mucha ansiedad. Para superar este estado, el médico me hizo un tratamiento no farmacológico para el sueño y, además, puedo darte estos *tips*:

1. Durante el día tratar de pasar el menor tiempo posible en la cama para que el cerebro asocie que ese lugar es para descansar, para dormir.
2. Hacer un ritual para que el cerebro identifique la hora de acostarse: tomarse un agua aromática, darse una ducha, una rutina que le permita al cerebro identificar cuál es el momento del sueño y cuál el de la vigilia.
3. No comer muy tarde, ni comidas abundantes, pesadas o picantes que demoren la digestión.
4. No comer en la cama y evitar el café o cafeína, Coca-Cola o alcohol, unas cuatro o seis horas antes de acostarse.
5. El cuarto debe estar oscuro y tener la temperatura ideal al dormir. Es preferible un poco de frío, para que esté fresco y uno se pueda arropar.
6. No tener un reloj a la mano ni mirar la hora en el celular tampoco porque empeora la ansiedad alrededor del insomnio.
7. El ejercicio es ideal, así sea tres veces a la semana, pero es mejor no hacerlo tarde porque te puede poner alerta.
8. Dejar las pantallas: chao celular, chao computador y televisión. Apagar todo un par de horas antes de acostarse para que el cerebro no se active.
9. Leer un buen libro o hacer una meditación.
10. Si te despiertas en la noche y pasa media hora sin dormirte, levántate de la cama y vete a leer o a escribir en otro lado o a colorear mándalas. No te quedes en la cama.

Si a pesar de esto el insomnio persiste es importante consultar. En mi caso fui al neurólogo y, aunque yo no quería tomar medicamentos para dormir, en un punto él me dijo: "en la situación en que tú estás es peor dormir dos o tres horas en la noche, que tener alguna ayuda con medicamentos". Entonces me recetó medicamentos para dormir. Aun así, practico la higiene del sueño. Te quiero compartir el siguiente ritual porque te deja habitando una emoción muy especial, la gratitud:

Del tipo de pensamiento con el que te acuestes, será la calidad del sueño que tengas.

Recorrido por la gratitud:

Haz un recorrido mental por todo tu día desde que te levantaste. Recórrelo desde la mirada de la gratitud porque a veces olvidamos lo bendecidos que somos y es mucho lo que hay en la cotidianidad para agradecer: agradece que te despiertas en tu cama, tu cobija, tu almohada, tu baño, si pudiste hacer alguna actividad física; recuerda tu desayuno, el vestirte, si viste a alguien que quieres, cuando recibiste un mensaje especial, si jugaste con tus mascotas o algún niño cercano. Recuerda el día soleado o la lluvia que viste caer en tu ventana, el atardecer, si viste un árbol, una flor, algún insecto, algo que se haya robado tu atención.

Son esos pequeños detalles los que al verlos nos engrandecen, si comiste un dulce, un helado, si leíste algo hermoso o viste una buena película, si pudiste hacer alguna actividad por ti mismo (en mi caso hubo momentos donde no pude hacerlo). Ese recorrido por la gratitud te ayudará mucho. A mí aún hoy me ayuda a conectarme con el ahora y me deja en un sueño plácido y feliz. No existe una sola noche que no lo haga, empezando por agradecer que tuve otro día más de vida, del milagro de la vida. ¿Y agradezco las situaciones incómodas? ¡Claro que sí! Las personas ordinarias solo agradecen lo bueno, las personas extraordinarias lo agradecemos todo. Lo que nos saca de la zona de confort nos enseña, nos engrandece y nos permite disfrutar la vida cuando desaparecen. La gratitud es infinita, solo tienes que permitirte enfocar tu atención allí.

Capítulo 9

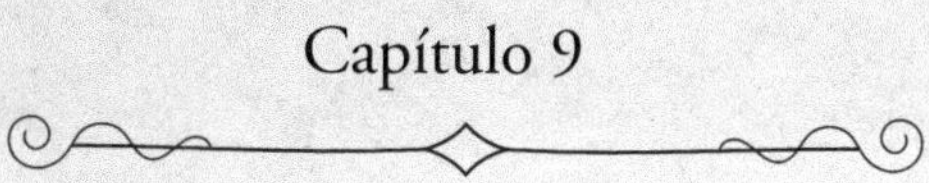

Quimioterapias blancas

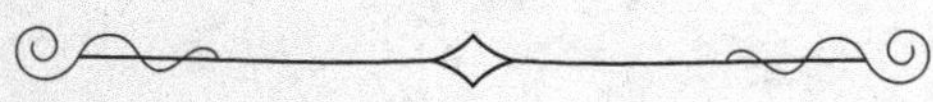

Terminé las quimioterapias rojas: que eran cuatro, debían hacerse cada veintiún días. Eso significaba un gran logro pues, aparentemente, las nuevas, las blancas, con el medicamento Paclitaxel, serían menos fuertes, o con menos efectos secundarios como las náuseas o vómitos, por eso eran, ya, cada ocho días. De estas debía hacerme doce para completar el ciclo de dieciséis.

Empecé muy bien con pocos efectos secundarios, pero con el tiempo empecé a sentir que mi cuerpo se "endurecía" y estaba más débil, aunque seguía haciendo ejercicio. De pronto, comencé a sentir como si mis brazos y piernas fueran de hierro, me pesaba moverme, me costaba subir escaleras, caminar, no podía literal con el peso de mi cuerpo que para aquel entonces ya pesaba seis kilos menos y me sobrepasaba una fatiga infinita. En las manos sentía un hormigueo y también como que se adormecían.

Eso es la neuropatía periférica, el resultado de un tipo de daño que afecta los nervios periféricos como consecuencia de algunos fármacos que se usan en algunos tipos de quimioterapias. Aunque a algunas pacientes les ha dolido, yo nunca sentí dolor. Pero la pérdida de la sensibilidad al tacto, por ejemplo, me impedía abotonarme, amarrarme los zapatos, sostener el celular o coger un vaso. Al estar tan poco sensible, el doctor me recomendó tener cuidado al caminar descalza para evitar heridas, protegerme del frío, sobre todo en los pies y las manos, y asegurarme de que el agua no estuviera muy caliente al bañarme o al lavar platos. Me insistió en que, en la medida de las posibilidades, no suspendiera el ejercicio así tuviera que disminuir su intensidad.

Este tema fue aumentando gradualmente. Con el paso de las sesiones, me vi obligada a suspender totalmente el ejercicio y a necesitar ayuda para vestirme y realizar muchas cosas que me hacían sentir dependiente. Incluso al final, caminar me costaba bastante, la fatiga era mucha, caminaba unos pocos metros y quedaba exhausta. Para mí fue complicado porque mi habitación es en un segundo piso y yo no era capaz de bajar. Mi perrita no bajaba a comer y, entonces, mi esposo me cargaba para yo poder estar con ella.

Este episodio fue un inmenso aprendizaje para mí, pues siempre me ha costado depender de otros y ahí "soltar" y entender que había cosas que ya no estaban en mis manos fue un verdadero reto. Seguí siendo muy consciente de aquello que tenía control, lo podía manejar. Tenía la actitud, me repetía que era temporal, que iba a estar sana, bien, que mi cuerpo tenía memoria y se iba a recuperar, pero tuve que aceptar que necesitaba mucha ayuda, a ser humilde, a reconocer, con agradecimiento, la dependencia y a comprender que cuando pedimos ayuda estamos dando un voto de confianza a la otra persona. Es hermoso cómo se fortalecen los vínculos y cómo se libera el orgullo y la arrogancia que como seres humanos a veces tenemos al sentir que solos "todo lo podemos".

Por eso hoy, después de esta experiencia, agradezco que me cuesta poco pedir ayuda. Me di ese regalo: ver en esta acción no un acto de debilidad, sino de valentía, de honestidad y humidad y, además, de una manera muy especial, hacerle ver a esa otra persona que me daba la mano, que merecía todo mi amor, que me daba seguridad y que para ella era mi gratitud. Esto sin duda fue un hermoso regalo que me dejó el cáncer y que se quedó conmigo.

Fue un tiempo de total rendición, de mucha reflexión, de oír *pódcasts*, meditaciones, de darle valor a otras cosas que uno da por hecho, incluso a amar el silencio. Darse cuenta de que hasta caminar es un milagro, por eso hoy en día cuando corro muchos kilómetros, doy las gracias a Dios porque mi cuerpo se mueve y corre. Algo que era "ordinario" hoy lo veo como "extraordinario".

A ti, que quizás eres ese familiar o ese amigo que acompaña amorosamente a un paciente con cáncer, mi recomendación es que a medida que vayas viendo que sus capacidades se reducen, puedas ofrecer suavemente tu ayuda, teniendo en cuenta que esforzarse también es parte del proceso. Expresarle a esa persona, que "ayudarte y acompañarte me hace muy feliz", y que "gracias por tu confianza por dejarme estar a tu lado, porque voy a protegerte", hará que ella o él sienta que ese acto de amor es para los dos. Yo recuerdo perfecto un domingo que mi esposo me subió y bajo varias veces por las escaleras. Cuando terminó de ponerme la pijama, ya para dormir, le dije:

— Lindo, que pena, amor, ser una carga para ti. Muchas gracias por ayudarme tanto.

— Gracias a ti, linda, por tu paciencia. Tú no eres carga para nada, es con todo el amor, ¿o tú no lo harías por mí?

— Claro que lo haría por ti, con mucho amor.

En ese momento, entendí que los dos nos estábamos dando un regalo. Con la pregunta que me hizo me obligó a ponerme en la situación contraria y me permitió entender que por esa persona que amo, me quedaría no solo muy fácil, sino que sería un placer poder ser quien esté allí para ayudarlo. Por eso, tú que cuidas, que cargas, que abrazas, que escuchas, eres muy afortunado de estar allí y ser protagonista en esa cotidianidad de pequeños actos de amor. Definitivamente, este proceso es muy bonito, es como ir despertando pedazos del corazón que estaban por años dormidos, tanto para el paciente como para ti.

Capítulo 10

Y se fue mi mamá

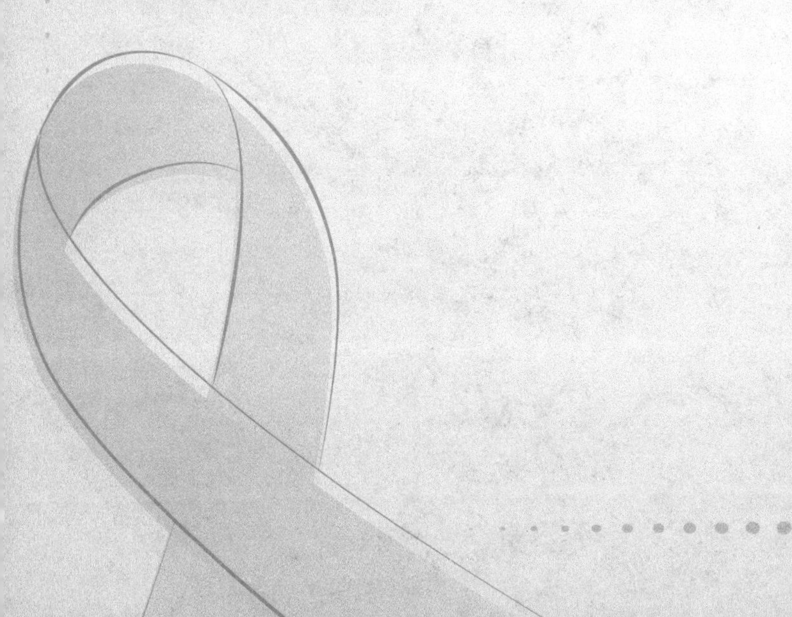

¿Quién lo quiere a uno más que la mamá? ¿Quién le genera a uno más seguridad, el piso más firme, donde uno se siente más amado y aceptado que la mamá?

En medio del tratamiento me llegó este otro desafío: despedirme de mi madre. Soy la menor de ocho hijos, fui muy contemplada. Para mis papás yo nunca crecí. Mi mamá siempre estuvo muy enferma, con una salud muy frágil. Yo le tapaba mucho mis incomodidades en el tratamiento pues también sabía lo que iba a sufrir al pensar que yo, su bebé, estaba pasando por un momento difícil.

Recuerdo mucho que, después de las quimioterapias blancas, mi piel se descascaraba y se ponía en carne viva. Yo insistía en andar en tacones y por la neuropatía, la verdad, sentía una incomodidad tolerable y no tanto dolor. Seguí trabajando y pasaba con frecuencia por la casa de mis papás. Me gustaba acostarme a que mi mamá me contemplara, me rascaba horrible, era muy maluco, pero yo me aguantaba porque lo que importaba era el hecho de estar al lado de ella.

Un día me quité los zapatos y me acosté en su cama. Ella alcanzó a ver las plantas de mis pies rosadas, brillantes, sin piel. Me dijo: "¿Por qué estás así?" Yo le respondí: "Porque se me están descascarando". "¿Y no te duele?", me preguntó". Yo le dije: "No, me estorba algo, pero nada del otro mundo". Me quedé unas buenas horas y me fui. Después cuando ella ya había fallecido me enteré de que mi mamá lloró toda esa tarde por mí, le impresionó ver mi cuerpo en ese estado, le dolió saber que esa era mi realidad. Así son las mamás.

Ella había tenido varios paros respiratorios. La habían entubado y por las malas experiencias en ese proceso, nos pidió no volverlo a hacer si se volviera a presentar la situación. Era un lunes 7 de abril, habían pasado ocho meses desde mi diagnóstico. Por su deficiencia respiratoria, se le empezaron a llenar de agua los pulmones y eligió no entubarse. Quería vivir el proceso de trascender de manera natural y eso fue muy especial. A diferencia de mis hermanos quienes perdían a su mamá, yo no estaba sana y sentía que, en ese momento, más que nunca, la necesitaba. Había terminado mis quimioterapias, pero seguían mis cirugías y para mí era vital ese refugio, ese lugar seguro de el que podía pasar algunas tardes bajo su compañía y cuidado. No puedo mentir, volví a sentir rabia, '¿Otra vez, otra cosa?, ¿Por qué todo junto?', me preguntaba.

Se fue mi mamá y yo me quedé con el alma partida en pedazos, entendiendo que sería otro golpe, un duelo en medio de otro y ese sí no sería temporal. Había perdido la batalla, no la guerra. Quería seguir honrándola a ella, valiente y fuerte, así me doliera el corazón.

Más allá de la muerte de mi mamá, mi proceso era una montaña rusa, no solo de emociones y dolores, sino de cambios físicos. Era como si la vida me estuviera poniendo todas las pruebas juntas. Pero, al tocar el fondo, existe la resiliencia, y creo que, de alguna manera, uno rebota ante la adversidad. Me preguntaba: '¿Yo qué tengo que aprender?, ¿cuál es la nueva lección de desapego?'. *Se me venía un reto grande, duro hasta para el más sano: aprender a convivir con la mamá no conmigo, sino dentro de mí.*

Capítulo 11

Mastectomía

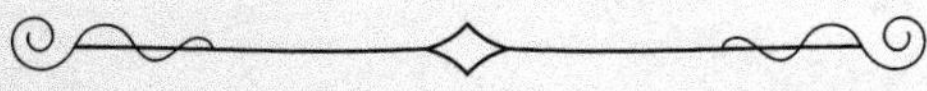

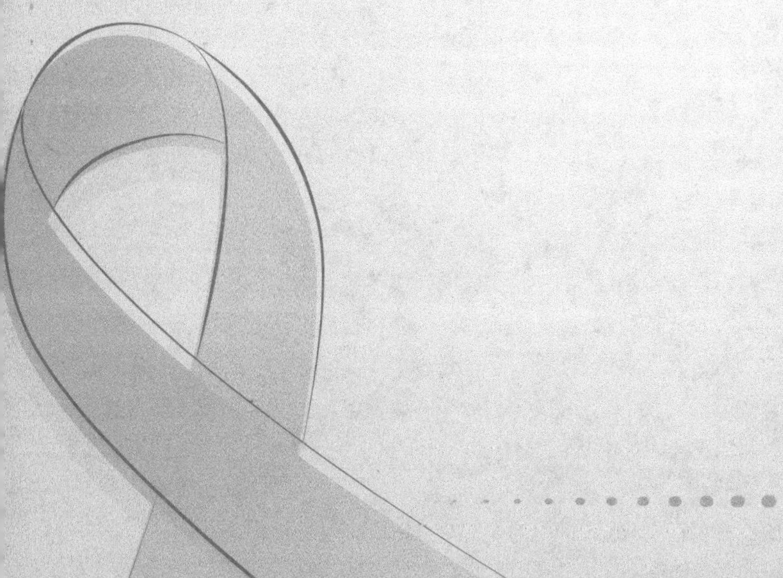

Un mes después de la muerte de mi mamá me correspondía la mastectomía radical: una cirugía para extirpar toda la mama, los ganglios linfáticos de la axila que están comprometidos y los músculos de la pared torácica debajo. Por mis antecedentes familiares y mi tipo de cáncer existía un alto riesgo de que apareciera nuevamente el tumor si dejaban más tejido mamario, por eso, la radioterapia no era la mejor opción y preferían esta intervención, así fuera más pesada e incapacitante. Lo planeado era que me iba a ir a donde mi mamá a pasar todas las tardes de la convalecencia, y de repente ella ya no estaba: me sentía coja.

Ahora tendría que renunciar a mis senos, pero prefería vivir tranquila sin ningún tejido ahí. No quería seguir "durmiendo con el enemigo". Era un momento donde la parte estética me importaba menos, ya no me sentía apegada a ella y, en realidad, no me detuve a pensar mucho. Yo solo quería vivir y esa era la opción que tenía.

Me operaron el día anterior a la celebración del Día de la Madre. Recuerdo levantarme con un medicamento epidural que me controlaba mucho el dolor físico, pero mi alma me dolía como nunca. Cuando abrí los ojos, lo primero que recordé es que mi mamá no estaba. Me embargó una gran tristeza por no poder estar con ella, pensé en mis hijos yo estando en la clínica y que, entonces, ellos tampoco podrían disfrutar ese día conmigo. Le pedí al doctor que me diera de alta, aunque no era para nada lo recomendado, y lo planeado era que permaneciera un día más allí. Lloré, supliqué y él, finalmente accedió. Con la advertencia de que lo hacía bajo mi responsabilidad.

Sin embargo, fue un grave error mío. Dejé el medicamento intravenoso por uno oral, y el dolor físico, al llegar a mi casa, era salido de toda proporción: me dolía respirar, no podía ni llorar porque suspirar era peor. Mi esposo no sabía qué hacer conmigo. En medio del inmenso dolor físico, me instalé en un lugar al interior mío donde ya no tenía rabia, pero me sentía sola, desvalida y me di cuenta de a cuántas cosas en la vida diaria no les daba el valor. En medio de esa profunda tristeza tomé conciencia y empecé a sentir que debía agradecerlo todo, hasta el respirar sin dolor.

Lloraba sin suspiros y sin lágrimas, no lo manifestaba mi cuerpo, pero sí ardía en mi alma. Sentí que, en serio, había pasado por mi vida dando tantas cosas por sentado, que había sido tan merecida, necesitando tanto, queriendo cosas cuando la vida en sí es un milagro, es un regalo. Fue un momento duro, pero muy profundo, en donde le di otro valor a todo.

Ahí descubrí que:

Hay una gran diferencia entre vivir y estar vivo.

Como un carro chocado

Esta historia es buenísima y por eso la quiero compartir. Ya con la mastectomía, con ese dolor tan tremendo, a los tres días, había que quitarse las vendas. Mi esposo me ayudó a hacerlo y cuando vi lo que había debajo, me pareció horrible: era como un carro chocado, con morados, una visión dura. Al rato me escribió el cirujano, el doctor Cardona, y me preguntó: "¿Cómo te fue al quitarte las vendas?". Yo le dije que uno siempre quedaba como aporreado y le pregunté si quería una foto. Literalmente me metí ahí sí a Google y puse: "carro chocado de frente". Me encontré una imagen de un choque terrible y se la mandé al doctor.

Me llamó ahí mismo, a las carcajadas. No podíamos de la risa. Le dije: "Lo que yo tengo doctor es lo mismo de la foto, pero sin la placa". Esa historia se la cuenta él a las pacientes, y yo pienso que, aunque a veces no es fácil reírse de esto, es en realidad, cuando las situaciones son tan complejas, que debemos sacar el humor, aunque sea el negro. Todo pasa y hay que saber esperar con paciencia. No me refiero a la paciencia que te hace víctima o te obliga a aguantar una situación con resignación, me refiero a la paciencia como " la ciencia de la paz", que tanto repite el padre Jorge Mario Naranjo, a quien adoro. Esa es la actitud que te hace inmune al caos externo, a la prisa o a la lentitud como deban vivirse las situaciones. A dejar "fluir amorosamente", como dice Papá Jaime.

Varios meses después, cuando mi cuerpo se sanó de esta cirugía, mi doctor que, además de amable y cálido, es tan talentoso, me hizo una cirugía reconstructiva increíble, que hoy me hace sentir segura y feliz con el resultado final. Ni vestigios de la foto y una anestesia general más para mi felicidad.

Por desobediente

Como diría mi mamá: "Me pasó un chasco". A los quince días de mi mastectomía radical estaba desesperada por salir de la casa y quería ir a mi curso de Programación Nerolingüística. Literalmente me volé, le pedí a Ceci, la señora que ha trabajado en mi casa desde que me casé y que nos hace la vida más feliz, que no le contara a mi esposo y que necesitaba salir. Me fui a mi curso feliz de recibir esa información tan valiosa y a saludar a mis amigos. Todos se emocionaron al verme y me abrazaron. Sin embargo, no pensé que tantos abrazos me iban a correr uno de los drenes. Claro, al otro día tenía fiebre, un lado hinchado y rojo y, de nuevo, me tocó ir al médico con la debida cantaleta del marido que era más que merecida. El dren no estaba saliendo y el líquido que el cuerpo debía eliminar se quedaba adentro, por lo tanto, me tocó hacerme una cirugía de emergencia. Sentí culpa y aprendí algo muy cierto: de verdad, hay que hacerle caso al doctor, y esperar los tiempos, pues ellos, en medio de todo, saben lo difícil que puede ser la situación emocional de cada uno, pero, en la medida de las posibilidades, te darán la posibilidad de salir y tener algo de vida social. Gracias a Dios mi prótesis no se vio muy afectada. Corrí con suerte, pero jamás volví a desobedecer sus recomendaciones.

Capítulo 12

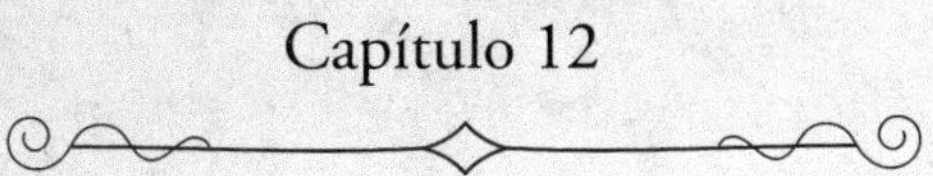

En las buenas y en las malas

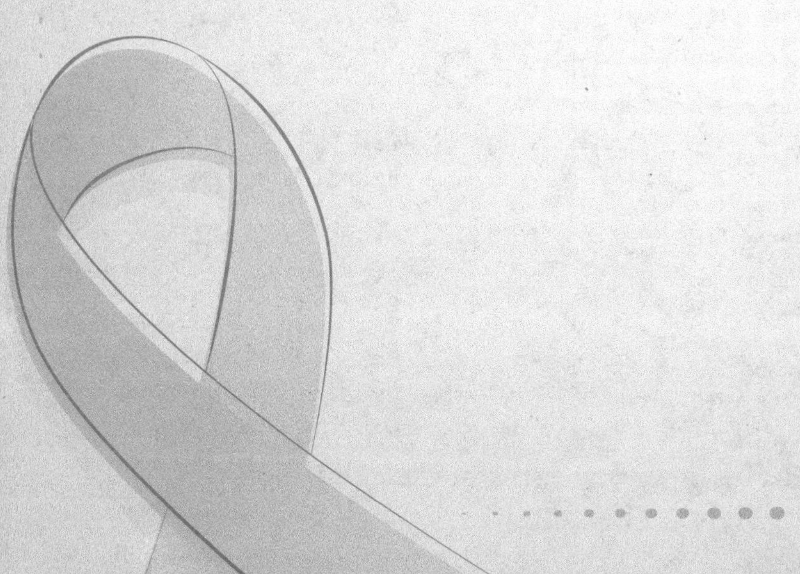

¿Qué y quién es una buena compañía?

Es muy importante saber qué y quién es una buena compañía cuando se vive una situación límite como esta. A veces, con el tiempo de ocio, por pura curiosidad o por querer saberlo todo creemos que Google es nuestro mejor amigo. Si entramos a buscar sobre el cáncer o cualquier enfermedad, encontraremos información útil quizás, pero la mayoría puede ser incomprensible o no la más agradable. Entonces una de mis primeras recomendaciones es no investigar de más, dejemos esa tarea a los médicos que invirtieron muchos años en formarse. De pronto, es mejor buscar meditaciones, audiolibros, *pódcasts*, cursos, series, algo que te sume, te enseñe o te haga feliz, pero no la palabra "Cáncer".

También considero que es necesario huirles a las personas negativas, las que son muy angustiadas. Todos tenemos alguien así quien, desde la mejor intención, desde sus miedos, pero con la lástima o con el pesimismo que vive desde su naturaleza, te habla desde el lado maluco de la enfermedad, y eso no es sano. Son personas dramáticas y uno siente que literal ya sí se va a morir. Lo mejor es huirles. Hay que buscar gente feliz, el amigo que te hace reír, el que te manda videos, canciones, que te sacan sonrisas y no melancolía, quien te recomienda buenos libros, buenas películas y series, esos amigos que te suman energía. Hay que autorregularse porque la enfermedad, de manera natural, te lleva hacia el lado del miedo y el dolor, pero con mucha fuerza uno le debe decir: "No, venga pa' acá. Vamos a mirar hacia el presente y hacia un futuro mejor".

También es necesario buscar actividades que te entretengan como las manualidades, tejer o leer, o el *hobby* que se te antoje. Es una gran manera de salir de la adversidad, porque se despeja la mente, y se crean lazos con personas que tienen el mismo interés tuyo.

Tener referentes

Otra cosa que a mí me funcionó muy bien es tener referentes de vida. Yo, por ejemplo, tengo a mi mamá con su bondad, servicio e inmensa capacidad de amar y eso me ayuda mucho cuando el ego me quiere ganar, cuando necesito controlar el deseo de pelear, de decir algo doloroso. Cuando necesito sanar o perdonar en mi corazón pienso qué haría ella, pues era un ser de una calidad humana superior. En cuanto a mi papá, es un referente de la alegría y el optimismo, ha tenido cáncer tres veces, y es el que se ríe de sí mismo, incluso en los peores momentos. Estos referentes son fundamentales para adoptar las posturas más necesarias ante cualquier adversidad de la vida.

En el tema de la enfermedad, a mí me funcionaba mucho pensar en esas personas que conocía que habían superado no solo el cáncer, sino situaciones muy complejas y hoy estaban muy bien. A veces detenerse y darse cuenta de que hay situaciones mucho más difíciles y que las personas salen de allí ganadoras son de gran esperanza. Por ejemplo, mi hermana, mis primas, lo habían superado, ellas también eran mi inspiración. Ahora, es clave no compararse. Todos vivimos procesos diferentes, así como el desarrollo de la enfermedad y el tratamiento en el cuerpo no es igual en todos. Nuestras emociones tampoco lo son, no nos dejemos llevar por la angustia de querer ser como el otro. Siempre existirá quien hace las cosas mejor o más fácil que uno, así como, al contrario. Vive tu proceso con tranquilidad y que los referentes sean eso, referentes, una luz, una guía, pero el paso y el ritmo los pones tú.

Isabella

Cuando yo me casé y tuve mis hijos, ellos querían un perrito. A mí me parecía horrible. Les decía que si entraba un perro salía yo, pero gracias a Dios, unos meses antes de tener mi diagnóstico, cedí ante mis hijos que pidieron que, si no era un perro, querían un hermanito. Entonces compramos una *yorkie*, del cual dije que no me haría cargo y que no quería verlo ni en mi cama ni en mi sofá.

Llegó Isabella y me fue conquistando poco a poco. Creo que yo tenía un pedazo del corazón que no había estrenado, pues esos seres incondicionales te entregan todo ese amor sin pedir nada a cambio, solo amor. De repente, la subí a mi cama, la cargaba y cuando tuve el diagnóstico, lo segundo que le pregunté al médico era si tenía que salir de mi perro, y me dijo que no, que por el contrario el perro era un soporte emocional importante porque yo iba a querer estar sola, pero a la vez acompañada. Fue así como Isabella se volvió mi enfermera. Ella ocupó el lado izquierdo de mi cama, y si la gente se acercaba, ella no lo permitía.

También fue clave en obligarme a pararme de la cama porque si yo no bajaba, ella no comía.

Alguien un día me dijo: "Las mascotas se llevan la enfermedad" y eso a mí se me quedó grabado.

No fue casualidad, porque después de terminar las quimios, un domingo me levanté más aliviada, con más ánimo y ganas de ir al cine, después de no dejar la casa en meses. Mis hijos estaban felices. Isabella se quedó en casa como de costumbre y cuando regresamos estaba muerta. No supimos que le pasó, tenía solo un año, pero yo asumí que mi compañerita, mi confidente, se había llevado mi enfermedad y no tenía sino para ella amor y buenos recuerdos. Ese fue otro duelo intenso, pues quienes tenemos perros sabemos qué significa que se mueran. Además ese lugar de la cama ya era muy frío sin ella. Nunca la olvidaré.

Si tienes algún animal y compañía en casa, perro o gato, consulta a tu médico qué es lo mejor, dependiendo de tu tratamiento y condición de salud ellos te recomendarán lo indicado para ti.

Conozco a una mujer que tuvo un linfoma y su esposo no aguantó el voltaje de la enfermedad y prefirió continuar un camino diferente. Esta mujer sola, adolorida en cuerpo y alma entró en una depresión al iniciar su divorcio. No quería hablar ni ver a nadie, le dolía su alma. Pensó en muchas oportunidades en quitarse la vida, no tenía, según ella, ya ningún aliciente para vivir. Tenía una perrita que, según ella, era como si supiera y leyera su pensamiento. Cuando ella estaba con ese tipo de pensamientos, que cada vez eran más reales, empezaba a jugarle y a acercarse a la puerta pidiéndole que la llevara al parque que había cerca en el barrio. Mi amiga con ese amor y solo por ver a su mascota feliz, se veía obligada a quitarse el pijama, arreglarse un poco y salir. Siempre, al sentarse en la banquita, socializaba y compartía con personas diferentes. Ella insiste en que su vida se la debe a ella. Hoy mi amiga está resplandeciente, enamorada de otro hombre y feliz.

Capítulo 13

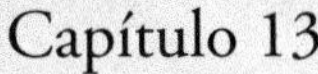

Para ti que cuidas a una persona con cáncer

Si tú no eres el paciente con cáncer, sino esa persona que acompaña con amor, paciencia y empatía, no te preocupes, no tienes que cantar canciones de Luis Miguel y Montaner por cuarenta minutos seguidos, como hizo Juan Luis, ni ser médico para ser ese alivio que necesita la persona a quien acompañas. No tienes que ser su pareja, puedes ser un familiar o un amigo, y esa intención de amor de tu corazón será suficiente para que, de manera genuina, te sienta allí, te valore como nunca y siempre te quiera cerca.

Ten presente que muchas veces, muchas es muchas, el silencio será el mejor aliado: solo con tu presencia y sabiendo escuchar, será más que suficiente. Jamás olvidamos esos gestos de amor y ese lenguaje del cuerpo que habla más que mil palabras y que queda tatuado en el alma.

Ten en cuenta que esa noticia cambió tu vida, así como cambió la suya: ambos sienten miedo, él o ella siente miedo de dejarte y tú de seguir la vida. Y, aunque por momentos quisieras ser tú el que estuviera en su lugar, ten presente que "cada cual llevará su propia carga", ese es su aprendizaje, el que le corresponde vivir y a ti también, pero de diferente manera. Ahora, más que nunca, vas tú a sacar fuerzas para estar a su lado, pero "desde la barrera". ¡No dejes perder esa valiosa oportunidad que tienen de aprender a vivir y a vivir mejor!

No malinterpretes ese silencio o esa distancia que de alguna manera se reclama. Escucha, escucha, escucha y responde a lo que te pregunten y aprende a leer sus señales porque nos dicen cosas para que estemos tranquilos, pero sienten otras y se va acumulando un dolor que puede ser muy dañino.

Tú, como acompañante, también cuida tus pensamientos, porque serás ese hombro donde apoyarse y tienes que estar firme y seguro. Date el permiso de "ir a su rescate" con información que te sume y te dé herramientas para acompañar a quien amas. Yo hablé poco del tema, no quería consejos que me daban sin pedirlos, pero sí necesitaba como nunca abrazos y sonrisas. En realidad, muchas veces no sabía ni qué quería, ¡en ese tsunami de emociones me sentía tan pero tan perdida! que a veces no era capaz de expresarme adecuadamente y de pedir lo que quería o necesitaba.

Las pacientes de cáncer de mama tenemos un reto adicional con ese "ser mujer", y es que al "ponerle el pecho" a la enfermedad muchas debemos renunciar a nuestros senos y es ahí donde sentimos que sin ellos se va la sensualidad y sin el pelo se va la fuerza, como le pasó a Sansón. Por eso es muy importante procesarlo todo y asimilar los cambios que llegan a todas de formas diferentes y a amarnos y aceptarnos en nuestra nueva realidad. ¿Mujeres? ¡Claro que seguimos siendo mujeres!, pero si eres tú quien acompaña y ves que la paciente se siente triste o decaída por esto, no la juzgues ni le digas que esto es superficial o banal, recuerda que, transitar el cáncer de mama, implica librar batallas que a veces nos sorprenden y marcan de unas formas inimaginables. Así como ocurre en cualquier otro tipo de cáncer, enfermedad o situaciones límite.

Capítulo 14

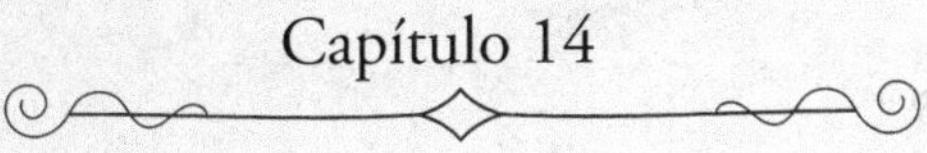

Mónica

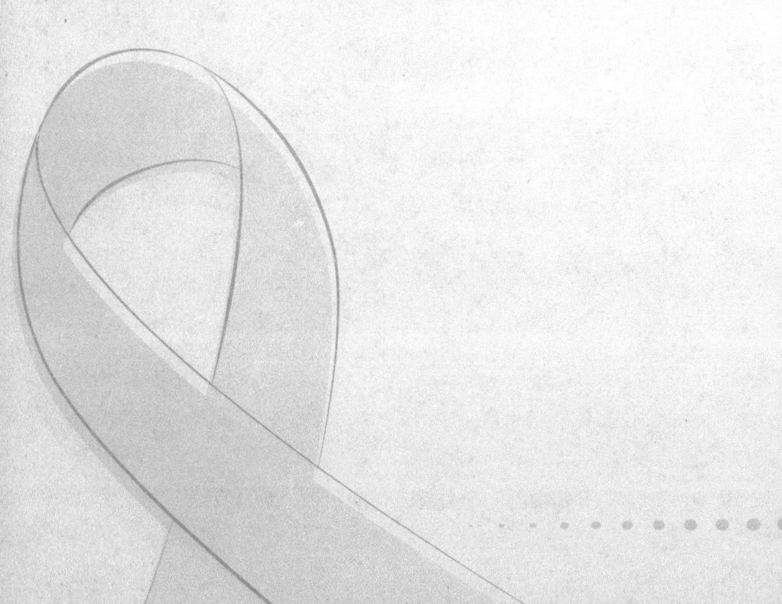

¿Y si regresa el cáncer?

Este capítulo es difícil de escribir, pero es la realidad, porque como siempre lo he dicho, este es un recorrido de muchos matices y dentro de mis aprendizajes, en mi vida necesitaba tocar fondo con algunas situaciones. Siempre la gran la lección fue el desapego de las personas y los seres.

Recuerdo tanto a mi amiga Mónica. Ella había perdido a su mamá a los quince años también por un cáncer y siempre le tuvo miedo a esta enfermedad y a que su hija viviera lo mismo. Ella tuvo cáncer de mama tres años antes que yo y manejó su proceso de manera muy linda porque era muy fervorosa y piadosa. Mónica vivía el presente de una manera muy especial, muy alegre, conectada con el amor, y se convirtió en mi *sensei*, fue quien me apoyó y vivió todo conmigo.

De pronto un día la llamé y no me contestó. Se me hizo raro, pero pensé que estaba ocupada. Llegué a mi sala de quimioterapia y cuando vino la enfermera me dijo: "Su amiga está en la sala de allá". "¿Mónica?", respondí con temor. "Sí", dijo la enfermera. Ella había recaído y por eso no me contestaba el celular. Siento que vuelvo vivir ese momento cuando estando yo conectada a la quimioterapia por el catéter, ella entró y me miró. Sin saludarla le pregunté:

— ¿Dónde?

— Hígado, respondió.

Y no nos dijimos nada, pero nos dijimos tanto con la mirada, nos cogimos las manos fuerte, cerramos los ojos y le dije: "Moni, estamos juntas en esto. Pudiste con la primera, vas a poder con esta también". Nos volvimos inseparables, íbamos juntas a quimio, a citas médicas, hablábamos muchas veces en el día, era mi mejor compañía, cuando se iban los esposos por las mañanas a trabajar, hablábamos por horas, llorábamos y nos reíamos, tuvimos conversaciones incómodas, muy profundas, de esas que con nadie más podíamos tener, estábamos viviendo exactamente lo mismo.

Un día, cuando parecía que se estaba recuperando, tuvo una falla cardiorespiratoria y murió, en paz. Para mí fue una pérdida que nadie podía dimensionar. La verdad fue mi dolor emocional más grande, podría decir que me costó más superarlo que incluso el de mi mamá, porque era asumido no solo desde el vacío de no tenerla, sino desde el miedo de que a mí también me volviera a aparecer la enfermedad. Me preguntaba: ¿Y si me repite a mí?

Me di argumentos sobre la pregunta, y sentí que de eso no tenía el control. Cuando llegan con información de alguien que volvió a tener cáncer, en principio me da angustia, luego pienso que tengo que seguir mi vida, detenerme allí sería como dejar de subirme a un avión porque se caen algunos, que de hecho ha sucedido. Cuando viajo en avión, lo hago porque pienso en los miles de aviones que despegan y no les pasa nada. Ahí es donde debemos poner el foco, es cuestión de estadísticas, de realidad.

Mi lección de desapego con Mónica y otras pacientes que he conocido en mi Fundación ha sido grande: Mónica marcó mi alma, tengo una nota de ella en mi tocador, porque ella sigue viviendo y vivirá siempre en mí, porque ella también es aún unos de mis referentes y es la única dueña de mis más grandes y profundos secretos y, por supuesto, yo de los suyos.

¿Y si es el final?

Es lindo de manera objetiva pensar, si este es mi final: ¿qué voy a hacer? ¿cómo le doy propósito a este momento que es real? O me siento a llorarlo o miro la posibilidad de hacer de esto una oportunidad para poder ser recordada de manera diferente.

Conocí a Laura porque llegó a la Fundación recién diagnosticada a mediados del 2018. Tenía treinta y dos años y su hija menos de dos cuando le encontraron el cáncer de mama. Ella lo enfrentó con mucha valentía, se volvió una vocera de la Fundación, convencida de la vida y se mejoró. A los años el cáncer volvió, y empezó a deteriorarle su cuerpo a una gran velocidad. Yo recuerdo que hablaba mucho con ella y cuando el tema se empezó a poner delicado empezamos a tener lo que ella denominaba "conversaciones difíciles":

— Lini, tengo miedo.

— ¿Qué te da miedo Lauri?

— Dejar a Daniel y a mi niña. ¿Quién la va a peinar?, dijo mientras reía.

María es una muñeca hermosa con un pelo muy crespo, según ella muy difícil de peinar, y eso la atormentaba (es el tipo de cosas en las que pensamos las mamás). Sabía que tenía un esposo espectacular y que aprendería, pero, claro, se lamentaba de no poder estar en su Primera Comunión, ni en su fiesta de quince, aunque decía que se iba a inventar la manera de estar presente.

Yo me iba a cumplir un sueño, a vivir a Italia con mi esposo por tres meses y la invité a que nos viéramos, en la tarde, el día antes de yo viajar, para despedirnos porque lo más probable era que no la volvería a ver. La llevaron, ya se desplazaba en caminador, su cuerpo se sentía muy cansado, pero su sonrisa seguía ahí. Hablamos mucho rato, lloramos, reímos, le di un ejemplar del libro *El plan de tu alma* y hablamos de eso. Me repitió muchas veces que estaba muy bien, preparada, que su niña quedaba en las mejores manos, con el mejor papá, y la mamá de ella, y se sentía en paz, "Estoy lista, de verdad que estoy completamente lista", me dijo. "Te creo Lauris, se te nota". "Yo quisiera que todas las personas lo entendieran como tú". "¿Por qué no lo dices?". Y llegamos a la conclusión de que escribir una carta sería una opción. De hecho, como hablábamos de lo que nadie hablaba me ofrecí para que, si quería, me la mandara y yo la entregaría a quien ella quisiera o la leería por ella cuando no estuviera. Y llegó la despedida:

— Linis: gracias por todo, gracias por haber estado en el plan de mi alma, tú y tu Fundación. Te quiero mucho y feliz viaje.

— Gracias a ti, Lauris, gracias a tu alma por permitir encontrarse con la mía y feliz viaje para ti también. Vas para el mejor de los viajes.

Fue un abrazo apretado y para siempre en mi corazón. Cuando regresé ya no podía visitarla. Pudimos escribirnos algunas veces y pude estar en su misa de despedida. Ella, finalmente, nunca me dijo nada del mensaje y yo jamás se lo quise preguntar. Al final de la misa, su esposo se paró y dijo que Laura nos había dejado una carta, que le había pedido que la leyera para nosotros en ese momento, en "su fiesta de despedida". Con la autorización de él te la comparto, la carta de una mujer valiente, llena de amor, quien asumió su final con dignidad y aceptación:

"Buenos días/ tardes a todos,

Gracias por asistir a mi fiesta de despedida, a la celebración de mi vida. Contrario a lo que muchos puedan pensar, hoy es un buen día, es un día de felicidad para mí, pues sé que cumplí mi misión en este plano terrenal y ahora puedo dedicarme a disfrutar del amor y plenitud que se vive en el plano espiritual.

Debo agradecer a cada uno de ustedes porque me hicieron inmensamente feliz y a la enfermedad que me permitió vivir todas esas demostraciones de cariño que cada uno de ustedes tuvieron conmigo con sus regalos, mensajes, oraciones e invitaciones.

Quiero decirles que mi partida fue en el momento indicado, no podía pedirle más a la vida, tuve todo lo que siempre soñé: un esposo al que amo y admiro, la hija más espectacular del planeta, una familia que siempre estuvo pendiente de mí y que estaba dispuesta y disponible las veinticuatro horas, unos amigos que siempre me llenaron de energía positiva y me sacaban risas que alimentaban mi alma.

Quiero que sepan que nunca los abandonaré, viviré para siempre en los bonitos recuerdos que construimos, pero desde esta otra dimensión. Estaré siempre presente en cada Navidad con mis dinámicas especiales, en cada cumpleaños, en cada desayuno del domingo en la finca de los abuelos, pero sobre todo en cada momento especial de mis dos amores. En la Primera Comunión, los quince, el matrimonio y los nacimientos de los hijos de María, en cada momento de soledad y felicidad de Dani, incluso en su matrimonio si Dios le permite encontrar un nuevo amor para conformar de nuevo una familia.

Dicen que uno no se lleva nada cuando se muere, yo digo que están equivocados. Yo me fui con las manos llenas de felicidad, de amor, de recuerdos lindos y con la tranquilidad de haber podido tener esas conversaciones incómodas con mis seres queridos que me permiten decir que me voy en paz. Y como dice María: "nos vemos en el mundo de los recordados".

Laura Bernal
Enero 19, 2022

Capítulo 15

El lado B de esta historia

Los familiares y amigos también sufren

La mayoría de las veces nos detenemos mucho a pensar en el paciente, en el enfermo, en el que está poniéndole el cuerpo, en mi caso el pecho a la enfermedad, pero no nos detenemos a pensar en esa mamá, esos hermanos, esos hijos o la pareja que están viviendo un duelo enorme también, que se sienten solos y que están pasando por la negación, la rabia, la ira y la tristeza; que también tuvieron que modificar sus rutinas profesionales y personales, pero para quienes no existe tanta consideración porque, finalmente, están sanos. Esas personas sufren mucho, muchísimo porque como tienen la labor de ser ese bastón, acumulan mucho sus emociones para mostrarse fuertes y ser más soporte.

Entonces la invitación es a mirar a los pacientes en su entorno, y ver la forma de acercarnos a ese "primer anillo". Esas personas que sabemos que tienen el corazón arrugado y están llenos de miedo. A ellos hay que darles amor. Una llamada es una forma de decirles, aquí estoy también, "imagino lo que estás viviendo, quiero estar presente para cubrirte en algo, o ayudarte, mientras tú puedes estar al frente del paciente". Habrá muchas maneras de apoyar a esa persona y, de manera indirecta, tú también formas parte de ese maravilloso grupo de apoyo que se necesita.

Es valioso entender qué pasa por la cabeza cuando se vive desde afuera. Por eso quiero compartirte una mirada de la situación, a la luz de mi pareja, mis hijos y un amigo. Quizás podrás sentirte identificado con lo que cada uno expresa allí:

Mi esposo: Juan Luis Giraldo

Mi vida había cambiado desde ese momento, mi tranquilidad había terminado. Mi momento de conexión con la realidad había llegado. Todavía no entiendo por qué mis primeros pensamientos no fueron ¿Porque le pasó esto a Lina?, sino: ¿Porque no me pasó a mí en lugar de a ella?

Siempre había creído que la vida te conecta a la Tierra en algún momento y de formas poco predecibles. Tenía cuarenta y dos años y mi vida era, hasta el momento, una colección de alegrías, satisfacciones y retos cumplidos. ¿Qué más podía pedir? Tenía una esposa increíble a la que adoraba y que llenaba mis días de felicidad; unos hijos maravillosos que solo me generaban satisfacción y orgullo; un trabajo soñado con exactamente la dimensión profesional que tenía como meta. Pero las leyes de la vida generalmente se cumplen.

Lina tenía un antecedente importante de cáncer de mama en su familia y, siendo consecuente con el conocimiento adquirido en mi profesión, como médico ginecólogo, desde años atrás hacíamos, de manera disciplinada, un seguimiento y manejo preventivo para la detección temprana. Repetitivamente, los exámenes de diagnóstico y seguimiento eran tranquilizantes, pero el fantasma de la herencia como factor de riesgo de gran relevancia en el cáncer de mama, siempre rondaba nuestra familia. Cada caso nuevo era un campanazo de alerta más.

Como ven, todos tenemos que lidiar con nuestros propios miedos. Ese era el mío. Era agosto de 2013 y había pasado unos días desde un examen más de rutina en el seguimiento preventivo de Lina. Recuerdo perfectamente el lugar y la hora, hasta el color del cielo en ese momento, cuando recibí la llamada del colega donde hacíamos estos exámenes de rutina. Me saludo amable como siempre y en seguida preguntó: "¿Dónde estás?". Acostumbrado a manejar el dolor, la felicidad y el miedo en mis pacientes, cuando tengo que darles una noticia, inmediatamente supe qué significaban esas palabras y le contesté: "Me llamaste a decirme que la biopsia de Lina está mal ¿cierto?". No necesitaba más respuestas. Mi vida había cambiado desde ese momento, mi tranquilidad había terminado. Mi momento de conexión con la realidad había llegado. Todavía no entiendo por qué mis primeros pensamientos no fueron: ¿Por qué le pasó esto a Lina?, sino ¿Por qué no me pasó a mí en lugar de a ella?

La primera decisión era cómo contarle a Lina. Una mujer que adoraba y a quien no quería ni que se le parara un mosco encima. Una mujer que conocía como la palma de mis manos, de inteligencia superior, pero absolutamente emocional, una mujer que había sido mi vida entera desde los dieciocho años.

Mi segunda decisión era si tomaría las riendas de las conductas médicas o si, a partir, de ese momento sería, en lugar de un médico, un marido luchando por la vida de su esposa y la tranquilidad de su familia. Este fue un momento difícil, yo estaba acostumbrado a tener todo bajo control en mi vida. Sin embargo, recurrí a una enseñanza muy valiosa de mi padre, también médico, quien siempre recalcaba que, si las decisiones médicas no podían tomarse con total objetividad, había que dar un paso al costado. Decidí entonces que mi labor consistiría en buscar al mejor grupo de médicos en el tema para Lina y depositar en ellos la confianza para que se tomaran las mejores decisiones clínicas. Creo que en eso acerté. A ellos no solo les debo la vida de mi esposa, la tranquilidad de mi familia, sino grandes lecciones de humanidad y profesionalismo en la práctica médica.

Comenzaron las pruebas de diagnóstico para definir el verdadero estado de la enfermedad y, por ende, el tratamiento necesario y la posibilidad de sobrevivir. SOBREVIVIR, una palabra que suena importante, pero que en ese momento se vuelve una obsesión. Recuerdo que esas dos primeras semanas, cada prueba hacía que ese porcentaje de posibilidad de que Lina sobreviviera pudiera variar. Cada nueva prueba era como presentar el examen de la vida y el resultado no era que tuvieras una buena o mala nota, el resultado era que tus hijos pudieran crecer con una mamá o sin ella, que pudiéramos cumplir el sueño que siempre habíamos tenido de envejecer juntos, que Lina sufriera física y emocionalmente, que la llama de la felicidad en tu vida permaneciera o se apagara para siempre.

A pesar de que las características celulares del tumor de Lina eran agresivas, nuestra insistencia por detectar esta enfermedad de manera temprana y, posiblemente, por utilizar estrategias para frenar su desarrollo, habían traído buenos frutos y habíamos llegado muy a tiempo. Era un tumor pequeño y localizado. Los ganglios no estaban comprometidos. No había rasgos de células tumorales en ninguna otra parte del cuerpo. No había evidencia de esa palabra que te da escalofríos: metástasis.

Para mí, esta fue la etapa más compleja del proceso. Una etapa marcada por el miedo y la incertidumbre. Pocas cosas me hacen perder el sueño en la vida. Podría decir que, hasta ese momento, ninguna. Las noches eran largas. El silencio aterrador solo era quebrado cuando uno de los dos preguntaba: ¿"También estás despierta?". La respuesta siempre era afirmativa y acompañada de un abrazo silencioso que, a pesar de ser reconfortante, fallaba en su objetivo de actuar como somnífero.

Sabía que tenía que ser un soporte emocional inquebrantable para Lina. Ella tiene la capacidad de leer el pensamiento en las personas a través de cualquier gesto por insignificante que sea, y los míos se los conoce de memoria. En realidad, creo que los construí con ella. Sobra mencionar el esfuerzo que tuve que hacer para controlarlos y para siempre imprimirle un sentimiento de esperanza y optimismo, a ella y a nuestros hijos. Pero esta carga es fuerte y necesitaba desahogarme de alguna manera.

He tenido la costumbre de buscar solución a los problemas complejos durante la claridad mental que trae el deporte, para mí el *running*. Creo que nunca había corrido tanto como en esos días. Era un momento en el cual, en mi soledad, no tenía que fingir una cara de tranquilidad ni construir una frase disfrazada de esperanza. Los sentimientos podían aflorar sin temor a ser contagiosos y muchas veces tuve que detenerme porque comprobé que correr y llorar al mismo tiempo es imposible.

Fue una época de muchas preguntas que parecen un cliché, pero que doy fe son imposibles de evitar. ¿Por qué había sacrificado tantos momentos con Lina por el trabajo? ¿Por qué no nos habíamos tomado más cafés juntos a horas inadecuadas a la luz de la responsabilidad? ¿Por qué no habíamos visto más atardeceres tomados de la mano? Y mil preguntas más que son inevitables y que, probablemente, de manera injusta, te hacen sentir culpable. Suspendí mi trabajo por varias semanas, no solo porque no tenía cabeza suficiente para dar una atención al 100 % a mis pacientes, sino porque sabía que ella me necesitaba a su lado, ahora más que nunca, y, por mi parte, quería aprovechar cada segundo de mi esposa, no sabía cuántos tendríamos y no estaba dispuesto a perderme ni uno solo.

Con el panorama del diagnóstico claro llegó el momento de una nueva y crítica decisión, cuál sería el tratamiento. Recuerdo como si fuera ayer que estábamos en el consultorio del médico tratante de Lina, una frase que él dijo y me quedó grabada en la cabeza: "El momento para poder vencer el cáncer de mama es en su manejo inicial". De esa reunión salimos con la claridad de que, por difícil que fuesen los efectos secundarios físicos y cosméticos, haríamos uso de todas las estrategias disponibles.

De nuevo deseé que fuese yo y no ella, quien tuviera que enfrentar todos esos retos y malestares. No voy a mencionar los sentimientos de Lina durante este proceso, pero sí quisiera mencionar que cada día me abrumo con su capacidad de encontrar luz en la oscuridad. Sacó a relucir una entereza que no solo me inspiró a mí, sino a todos a su alrededor. Convirtió el miedo en esperanza, el dolor en motivación, las lágrimas en sonrisas y así hizo que este fuera un proceso mucho más llevadero para todos, pero mejor aún, increíblemente constructivo para nuestras vidas.

Cada etapa del tratamiento trajo toda una serie de sentimientos añadidos. Primero la cirugía, aún con algo de incertidumbre sobre el resultado final del análisis de patología y de la extracción completa del tumor, colmada de molestias, sangrados, drenes, curaciones e impacto para ella por el resultado cosmético inicial, pero con el alivio de sentir que nuestro enemigo ya se encontraba fuera de su cuerpo y con menos capacidad de daño.

Luego la quimioterapia, un proceso largo y precedido de pésima fama en cuanto a sus efectos. Para muchos una estrategia de tierra arrasada, acabando a su paso con el enemigo, pero a la vez una afrenta contra sistemas vitales del organismo. Para Lina, desde su primera sesión, un aliado valioso en su esfuerzo por sobrevivir. Una lección inolvidable de que todo en la vida tiene distintas lecturas, algunas más amigables que otras, y que está en uno mismo el libre albedrío para elegirla. De esa elección no solo puede depender el resultado, sino también lo sutil o empinado que sea el camino.

Luego llegó un día muy temido por Lina. El día en que la lógica exigía rapar su cabeza porque la pérdida de pelo era tal que mantenerlo era una causa perdida. Por eso tenía claro que ese era un momento crucial en el cual teníamos que acompañarla. Decidí, no solo raparla yo mismo en compañía de nuestros hijos, sino raparme yo también para que eso le generara al menos un mínimo de tranquilidad al saber que en este camino íbamos juntos. Confieso que fue, igualmente, un momento muy complejo para mí pues entendía lo que ella sentía cada vez que pasaba la máquina de rasurar, y el escaso pelo que le quedaba caía al suelo como una cuota más del precio que ella debía pagar por sobrevivir.

Pocas veces he tenido que hacer tanto esfuerzo por contener mis emociones. Pero también confieso que, a pesar de que para mí ella siempre ha sido la mujer más linda del mundo, no sé si eran los ojos del amor, como dicen las abuelas, pero una vez estaba completamente calva, la vi más hermosa que nunca. Se lo dije de manera sincera, no por reconfortarla, y le pedí que no usara la peluca que ya tenía lista en su clóset. Su sonrisa, sus ojos y su alma brillaban como nunca.

Y el tiempo pasó, las pequeñas victorias fueron llegando. La cirugía sanó, la quimioterapia terminó, el pelo volvió a crecer y además crespo como ella se lo había soñado siempre. Los exámenes de control traían buenas noticias. La calma fue retornando a nuestra vida. Pero Lina era ya otra persona, una versión mejorada, un árbol con un verde más intenso que nunca, después de haber sido podado. Entendió que la vida había sido generosa con ella, no solo por darle la oportunidad de sobrevivir al cáncer, sino por la oportunidad de haber tenido ese gran maestro. Un maestro que le permitió convertir su miedo en esperanza y su sufrimiento en deseo de ayudar a que otras mujeres también llegaran temprano y pudieran sobrevivir.

Han pasado casi diez años desde su diagnóstico. Todos los días agradezco a Dios permitirme seguir soñando con envejecer al lado de esta mujer que es mi vida entera. Y aunque suene inverosímil, me atrevo a decir que tanto ella como yo sentimos que nuestra vida es otra, indiscutiblemente mejor, luego de las enseñanzas que el cáncer trajo consigo.

Mi hija mayor: Daniela

La presión se manifiesta de muchas formas y hace ya casi diez años llegó a mi casa y con su fuerza nos empujó a una nueva vida. Un cambio que en su momento no teníamos claro que necesitábamos, pero que pronto entenderíamos y hasta el día de hoy agradecemos.

Me gusta escribir bajo presión. Así como hoy, que escribo este texto a última hora. Tal vez sea parte de mi estrategia para abrir del todo el corazón, escribir palabras más sinceras, con un menor chance de ser retocadas o de arrepentirme de la vulnerabilidad que queda entre líneas.

No tengo una razón técnica o justificable, pero no me cabe duda de que de la presión salen grandes cosas, es el ingrediente secreto del cambio, los saltos al vacío, del darse cuenta. La presión se manifiesta de muchas formas y hace ya casi diez años llegó a mi casa y con su fuerza nos empujó a una nueva vida. Un cambio que en su momento no teníamos claro que necesitábamos, pero que pronto entenderíamos y hasta el día de hoy agradecemos.

Tenía dieciséis años cuando escribí el texto que sigue, me enfrentaba en su momento a uno de los más grandes miedos de una joven en desarrollo. A mis dieciséis fui 'la señora de la casa' por un par de meses en los que ninguno de mis padres tenía la cabeza para serlo. Nadie me lo pidió, pero lo asumí con orgullo y empatía, mientras observaba y absorbía todas las lecciones de vida que una enfermedad como el cáncer le regala a quien lo vive y a quienes lo acompañan: Tú, si tú, la que está asustada, la que siente que el mundo se está derrumbando a sus pies. Limpia tus ojos y levanta la frente. Observa todo lo que se encuentra a tu alrededor. Observa la vida como evoluciona, siente tus pies sobre la Tierra. Respira. Ahora, agradece, no olvides hacerlo con constancia.

Agradécele al universo porque estás viva, porque hoy puedes estar en este mundo y hacer algo por él, pero, en especial, porque has encontrado en ti la fortaleza para servirle de apoyo a la mujer que más amas en el momento en que ella más lo necesita. Y siempre que pienses en que ya no puedes más, recuerda esta historia. Si cualquiera me pregunta en la calle por mi edad, diría que nací en 1996 y que pronto cumpliré veinte, pero para serte sincera, estaría ignorando gran parte de mi historia porque nací de nuevo hace tres, en el momento en que entendí que la vida es perfecta, así tal cual, que todo pasa por una razón. Que existe una gran diferencia entre vivir y estar vivo. Que somos producto de lo que pensamos y, por ende, los diseñadores de nuestra propia realidad.

Como seres humanos tenemos el poder de controlar nuestra percepción del mundo, ante una misma situación hay infinidad de interpretaciones. Está en nuestras manos aceptar los tropiezos como enseñanzas y sacar provecho de ellos para no volver a toparnos con la misma piedra. Llegó el cáncer sin avisar, como un monstruo que se devoraba las palabras, la energía, la tranquilidad y peor aún, lo descubrí de manera abrupta, fría, 'sin anestesia'.

Fue la curiosidad la que me llevó a entrometerme en una conversación que no estaba destinada a escuchar, pero desde hacía unos días mi intuición me decía que algo andaba mal. Recuerdo lo que sentí en el momento en que entendí lo que sucedía, la vida me había encerrado en una jaula junto al monstruo al que más miedo le tenía, perderla a ella.

Me parecía imposible que fuera verdad, me parecía imposible que mi mamá no fuera eterna y aún más que mi papá no pudiera resolver el 'inconveniente'. Pasó el tiempo, y nos dimos cuenta de que todo saldría bien. Volvimos a respirar, a dormir, a vivir con un poco más de tranquilidad. Siguió pasando el tiempo y nos acostumbramos a nuestra nueva realidad, ella perdió el pelo, se sometió a múltiples cirugías y sesiones de quimioterapia. Y ahí estaba yo, a su lado, en silencio, dándole tiempo al tiempo para corroborar que no me vería obligada a enfrentar ese miedo del que te hablaba. Ella no necesitaba palabras para sentir mi presencia, bastaba con llevar mi corazón hasta su lado para darle seguridad y apoyo, algo que sabía necesitaba más que nunca. Tardamos unos meses en interpretar el mensaje que estábamos recibiendo.

Como familia, habíamos tomado un camino equivocado, buscando la perfección, trabajando más hacia fuera que hacia adentro, definiéndonos por medio de los logros, olvidando valorar las pequeñas grandes cosas que hacen de cada día un regalo. Agobiados por la sociedad y sus exigencias le estábamos entregando la felicidad a lo equivocado. Necesitábamos un obstáculo que nos desviara de ese camino.

Decidí desde el primer instante que no le entregaría mi felicidad a lo inevitable, a lo incontrolable, a lo ineludible. Tomé la decisión de recibir esta enfermedad con los brazos abiertos y convertirla en la raíz de mi transformación, así como lo hizo mi mamá y como lo hizo mi familia. Hoy puedo decir, con la cabeza en alto, que el cáncer es lo mejor que me ha pasado en la vida. Hoy, tantos años después, sigo pensando lo mismo.

Fue este obstáculo en el camino el responsable de ejercer la presión necesaria para generar en nosotros un cambio de perspectiva. Cambiamos nuestra forma de percibir el mundo, de relacionarnos con nuestro cuerpo y los demás. Dejamos de pasar por alto los pequeños detalles que hacen de este planeta un paraíso. El corazón que surge cuando retienes agua con ambas manos, los sonidos del amanecer, el movimiento de la colita de tu mascota cuando abres la puerta al final del día, una buena comida, una canción bonita, tu reflejo en los ojos de la persona que amas, tantas pequeñas grandes cosas. Aprender de las enseñanzas ajenas nos permite acortar un poco el camino, abrir los ojos desde antes y darnos la oportunidad de vivir una vida más liviana, más serena, más sencilla. Hoy agradezco la fortuna de tener a mi mamá viva, pero más que eso, agradezco la fortuna de tener una mamá consciente de sí misma, de su entorno, del regalo que es abrir los ojos cada día. Sea cual sea tu historia, recuerda que tal vez no puedas cambiar todo lo que te sucede, pero sí como lo recibes. Hoy es el día perfecto para dar el paso, es el primer día del resto de tu vida.

Mi hijo del medio, Tomás

En el caso de mi familia, el cáncer nos cambió la vida. Resaltó para siempre nuestro sentido de unión y que nos permitió entender lo frágil que es la vida misma. Parece muy lógico, pero no lo es.

Cuando me enteré del diagnóstico de mi madre tenía tan solo catorce años, por lo tanto, mi percepción del cáncer (y de la enfermedad en general) era limitada y adornada por el optimismo intrínseco que acarrea la infancia. Desde luego, mis reflexiones de la época no fueron profundas o trascendentales. Sin embargo, la década que transcurrió posterior a este suceso sí me ha dado espacio para comprender la magnitud de lo que vivimos como familia.

Cuando mi mamá me informó sobre lo que ocurría, lo hizo de una manera muy inteligente, con un discurso optimista, pero nunca minimalista sobre lo que estaba pasando. Esto me lleva a mi primera conclusión: la importancia que tiene la manera en la que contamos una historia para nuestro interlocutor y, cómo la selección de adjetivos y un tono de voz son determinantes para suscitar, con los mismos datos, desde el pesimismo más indolente hasta el optimismo más fantástico, en el estricto sentido de la palabra. Desde luego, ninguno de los dos extremos es deseable. También me permitió entender, desde el ejemplo, cómo, a futuro, podré manejar una posible situación difícil en mi vida.

La historia también nos la contamos a nosotros mismos, obedeciendo a esa romántica definición del pasado, que es en el fondo, una historia que en su minoría depende de los hechos y en su mayoría depende de la interpretación. Es bajo esta premisa que podemos concluir que, tras sufrir el impacto de una situación en gran medida debida al capricho del azar, todavía existe un margen importante que le corresponde a la voluntad, y esta sí que podemos manipularla a nuestro gusto.

En el caso de mi familia, el cáncer nos cambió la vida.

Resaltó para siempre nuestro sentido de unión y que nos permitió entender lo frágil que es la vida misma. Parece muy lógico, pero no lo es. La percepción funciona por contrastes y es esta manera tan aberrante de percibir lo bueno que tenemos lo que explica por qué valoramos tanto la vida, quizás más que nunca, justo en el momento en que la muerte llega a tocar nuestra puerta. La clave, finalmente, será recordar todos los días esta lección, tratar de sobreponerse a la futilidad de la vida cotidiana que nos hará perder nuevamente ese valor de la vida, casi clandestino, que creemos haber encontrado ya de manera indefinida. Todos los días doy esa lucha, no es nada fácil, pero ni siquiera habría comenzado a darla si no fuera por el cáncer de mi mamá.

Como no creo en la posteridad ni en nada supersticioso, para mí la muerte es un suceso doloroso para todos, menos para quien muere. Esa persona deja de existir, deja de preocuparse y por más que nuestros sesgos nos hagan creer lo contrario, una vez muertos no estaremos conscientes para observar todo aquello de lo que nos estamos perdiendo en la Tierra. Es por eso, que lo difícil en la vida no es morir, sino estar muriendo. Y ese es el verdadero reto del cáncer, ya que a pesar de que muchos pacientes lograrán superar esta enfermedad y sobrevivir, todos habrán estado muriendo por meses o años y ese dolor y desasosiego discurre por la sangre y se perpetuará por el resto de sus vidas. Puede transformarse en un sentido de vida, como en el caso de mi mamá, o puede convertirse en un martirio más oscuro que la muerte misma.

Mi hijo menor, Simón

Es por ello que, cuando supe que mi madre estaba enferma, estar ahí para ella se volvió mi prioridad número uno. A pesar de no comprender muy bien los aspectos médicos de esta enfermedad y las implicaciones que podía llegar a tener, era evidente para mí que mi mamá se encontraba triste y débil y quería acompañarla en ese momento difícil.

Cuando mi madre fue diagnosticada con cáncer de seno yo tenía doce años. Fruto de mi propia experiencia puedo decir que esta es una edad compleja para enterarse de una noticia de este tipo. Está uno lo suficientemente maduro y formado para comprender las consecuencias negativas que diferentes situaciones pueden generar en nuestras vidas, pero no cuenta uno con los medios para hacer mucho al respecto. Es uno aún un ser bastante dependiente de los padres en algunos aspectos: son ellos quienes nos aconsejan, quienes nos cuidan, quienes nos transportan y más importante aún, son ellos quienes nos consuelan cuando estamos tristes. Teniendo en cuenta esta realidad, sería difícil imaginar un escenario donde esos papeles se intercambien.

Un cáncer es una enfermedad bastante particular. Algunas de las personas que la padecen lastimosamente fallecen, pero, por fortuna, algunas logran vencerla a través de los diferentes tratamientos que la ciencia ha desarrollado. Aun así, los diferentes procedimientos médicos que tratan el cáncer dejan en manifiesto un estado de debilidad física y emocional que quien contrae la enfermedad puede padecer. La caída del pelo, la ruptura de las uñas, la pérdida de apetito, entre otras cosas son unas de las muchas consecuencias de los diferentes tratamientos médicos disponibles hoy. A pesar de ser consecuencia de un procedimiento que busca preservar la vida, tienen una fuerte carga en el estado emocional del paciente. En lo personal, me tocó evidenciar cómo mi madre se vio fuertemente impactada por estas cosas. Aunque mi madre intentará evitar a toda costa que la viéramos sufriendo, pues teníamos una corta edad y quería evitarnos ese martirio, uno como hijo puede determinar cuándo algo está mal.

Para mí, la familia siempre ha sido mi prioridad número uno, está por encima de todo lo demás y después de eso, más aún. Es por ello que cuando supe que mi madre estaba enferma, estar ahí para ella se volvió mi prioridad número uno. A pesar de no comprender muy bien los aspectos médicos de esta enfermedad y las implicaciones que podía llegar a tener, era evidente para mí que mi mamá se encontraba triste y débil y quería acompañarla en ese momento difícil.

Como lo dije antes, me encontraba en una edad en la cual todavía era bastante dependiente de mis padres. Entonces quizás no había mucho que pudiera hacer para ayudar; así pues, mi aporte en todo esto consistió en brindarle cariño y compañía a mi madre en todo momento. Mis hermanos y yo la acompañamos a sus quimioterapias, nos acostábamos con ella toda la tarde en su cama cuando se sentía indispuesta, o buscábamos otras formas de darle amor y transmitirle buenas energías.

Hay ocasiones donde la vida nos va a poner retos, y bien podemos sucumbir ante ellos o enfrentar estas adversidades con los medios que tengamos disponibles. En este caso concreto, los medios que tenía a mi disposición, al ser un niño todavía, no eran muchos, pero eran suficientes para generar un impacto. Recapacitando acerca de lo que viví en ese momento, creo que tenía en mi poder uno de los aportes más valiosos que una persona que vive un momento complejo puede tener: el amor y la compañía. Estas dos cosas son medios que todos podemos poner a nuestra disposición y, en mi ejemplo personal, eran de los pocos que tenía a la mano en ese momento y por eso los usé. Sobra decir que es más que evidente el impacto positivo que tiene sobre una persona el sentirse amada y rodeada y acompañada por los seres que ama.

Mi amigo, Papá Jaime

Ella tenía todo el amor y el cariño de su familia y, por supuesto, el mío, pero lo más importante es que ella comenzara a amarse a sí misma y a creer que podía sanarse, para que el milagro esperado sucediera.

Lina, aquella dulce mujer, emprendedora, amorosa y servicial, que conocí hace más de veinte años, llegó a mi vida como una gran ráfaga de cariño y optimismo, y con su carisma y amor, hizo que una inmensa amistad se desatara entre los dos. Ella tuvo a cargo la promoción de mi primer libro *Los Hijos de la oscuridad* cuando trabajaba en Editorial Norma y compartimos un camino, unido por el mismo propósito de llevar un mensaje de amor y esperanza a miles de niños en los colegios de Medellín y de Colombia. Nuestra amistad fue creciendo y Juan Luis, su inigualable esposo, fue cómplice y testigo de esta hermosa unión que comenzaba a surgir y que cada día se volvía más fuerte. Pasaron los años y nuestra amistad se consolidó, al punto de llegar a sentir que su familia es prácticamente la mía. Por eso, aquel día en que ella me llamó con su voz entristecida, temblorosa y llevada por el miedo, a contarme que le acababan de comunicar los médicos que tenía cáncer de mama, mi espíritu se removió y quedé impactado por esta inesperada noticia, y lo único que me salió del corazón fue decirle: "Vente inmediatamente para Bogotá, te quedas unos días en mi casa y vamos haciendo un proceso de sanación y de liberación emocional". Yo acababa de abrir en esos días un centro de sanación, que se llamaba SER DIACQUA, con varios médicos de terapias alternativas y de terapia Gerson para el cáncer, y pusimos a su disposición todo lo que estuviera a nuestro alcance física, mental y emocionalmente.

Recuerdo perfectamente aquel día cuando fui a recogerla al aeropuerto y la vi salir con su cabeza rapada, su mirada triste y podía ver en sus ojos su miedo latente y galopante. Nos dimos un gran abrazo y en ese instante sentí que ella descargaba toda su angustia en mí, y donde sentimos en esa conexión que la amistad está hecha realmente para soportar, apoyar y escuchar, no para juzgar, ni señalar, ni exigir. Sentí perfectamente su miedo, su zozobra y la incertidumbre que la ahogaba, porque han hecho ver al cáncer como sinónimo de muerte y eso es algo que ya está marcado en el subconsciente colectivo. Entendí en ese momento que yo debería estar ahí para ella incondicionalmente, escuchándola, dándole mi palabra amorosa y acompañándola de corazón a corazón en este proceso, sin desvirtuar el dolor que estaba experimentando o el proceso de duelo que estaba llevando a cabo. Fue así como comenzó este nuevo camino hacia la luz, hacia la esperanza, hacia la sanación. Ella tenía todo el amor y el cariño de su familia y, por supuesto, el mío, pero lo más importante es que ella comenzara a amarse a sí misma y a creer que podía sanarse, para que el milagro esperado sucediera.

Lina estuvo varios días en Bogotá donde realizó un proceso muy profundo de aceptación, entendimiento y liberación. Revisó a profundidad sus sentimientos, emociones, miedos, culpas, resentimientos, rabias y remordimientos por todo lo que no había hecho ni dicho hasta ese momento y logró soltar, relajar, fluir y dejarse llevar por el hermoso flujo amoroso de la vida. Entró en modo gratitud, agradeciendo por todo lo que tenía en su presente y dejó de preguntarse por qué, y comenzó a preguntarse para qué, qué es lo que Dios y la vida le estaban mostrando, hacia dónde debía dirigir su energía.

Su sanación se comenzó a gestar y el cariño, el acompañamiento de su esposo, sus hijos, su familia y amigos, la fortalecieron de tal manera que ella se aferró a la vida con todas sus fuerzas y su esperanza cada vez era más fuerte. Fue acompañada amorosamente por ellos a cada examen, a cada cita y le demostraron constantemente que ella era la esposa, la madre, la hermana, la hija y la amiga más amorosa jamás encontrada. El amor por ella misma, el amor que sentía por los demás y la fe inquebrantable en Dios, en esa inteligencia superior, esa divinidad que habitaba en ella, la llevarían a triunfar y a sanar.

Fue en ese momento mágico, en que esa señal divina que llegaba a través de la enfermedad, que Lina entendió cuál era su verdadera misión en este mundo y cómo le iba a dar significado y sentido a su vida y así un amor profundo e intenso dentro de ella empezó a irradiarse a todas las células de su cuerpo y eso la ayudó no solo a sanarse, sino a volverse testimonio inspiracional de vida, para ayudar a sanar a otros.

Obviamente esta historia de sanación no podía terminar ahí, porque Lina ya había entendido perfectamente cuál era esa nueva misión sagrada que tenía en este mundo, y así fue que comenzó a crear una campaña para inspirar a miles de mujeres y hombres alrededor del mundo a practicarse el autoexamen de detección de cáncer y a hacerles entender la importancia que tiene la detección temprana del cáncer de mama. Fue entonces que me invitó a correr en Medellín la maratón de modo rosa, organizada por ella y fue espectacular poder contemplar a miles de personas vestidas de color rosa trotando con la intención de inspirar a otros y de llevar sanación y esperanza a sus familiares y amigos que estaban pasando por momentos difíciles por efecto del cáncer. Al llegar a la meta, cogido de la mano de Lina, saltamos felices y emocionados, sentí como si hubiéramos hecho una maratón de miles de kilómetros y una emoción indescriptible me embargó al ver con mis propios ojos a mi gran amiga del alma, después de estar envuelta en ese manto oscuro de incertidumbre, volviendo a brillar con su luz propia y resplandeciendo con esa luz rosa de amor, y lo más importante, contagiando de su alegría y amor a tantos corazones que necesitaban de su sonrisa, su mano amiga y de su palabra amorosa y reconfortante. Cuando me reencontré con Lina en Italia y veía lo feliz que estaba, agradecida y desafiando cosas que jamás había imaginado hacer, solo podía pensar: valió la pena, ella tomó algo que podía ser destructivo y lo convirtió en una oportunidad para crecer, trascender e inspirar con su ejemplo a tantas personas que están sufriendo de esta enfermedad. Y solo se me vino a mi mente algo que siempre le digo a la gente: “Recuerda siempre que no puedes cambiar las cosas de afuera, pero puedes cambiar la forma de ver esas cosas que están sucediendo dentro de ti. Y al cambiar la forma de mirar las cosas, las cosas instantáneamente cambian su forma". Y así fue exactamente como un saltó de la enfermedad a la sanación, de la tristeza a la alegría, de la incertidumbre a la certeza de que se iba a sanar. Eso fue exactamente lo que Lina hizo, lo que la tiene sana, radiante de alegría y con una fe inquebrantable. Hoy, continúa siendo una esposa ejemplar, una madre inigualable y mi amiga del corazón y solo puedo darle gracias a Dios y a la vida, por haberla puesto en mi camino.

Capítulo 16:

¡Terminé!

Después de seis cirugías, dieciséis quimioterapias, de haber pasado por la muerte de mi mamá, de Mónica, mi amiga del alma, de mi perrita Isabella, después de esas noches oscuras del alma, del insomnio, todo llega a su final. Cuando me dijeron: "Terminaste, toma estos medicamentos por diez años y ven a los controles cada seis meses", fue música para mis oídos. En esos quince meses yo fui mi prioridad, pues nunca me había dedicado tanto tiempo a mí, fue la oportunidad de conocerme, reconocerme, me sorprendí, me admiré y me gusté.

Nunca pensé que, siendo la chiquita, la contemplada de mi casa, sacaría una garra tan fuerte. Nunca pensé que sería tan valiente, que tendría la fuerza de elegir un camino de optimismo y buena actitud, a pesar de los desaciertos y los momentos difíciles por los que atravesé y atraviesan cientos de pacientes.

Fui muy bendecida en esos quince meses. Fui muy amada y resiliente, tuve momentos difíciles, pero nunca me rendí. Iba para adelante, porque nada nunca se queda quieto, sino va hacia arriba va hacia abajo y yo remé con fuerza, aunque por momentos me sentía en contra de la corriente.

Ya seguía un paso enorme: soltar y confiar. Era simpático, porque deseé tanto irme de esas salas de quimioterapia, pero a la vez me daba como inseguridad y me quería llevar a los médicos y enfermeras conmigo. Es una etapa bonita, de aprender a confiar, y entender que lo que iba a pasar ya estuvo, que atrás quedaron las agujas y el catéter, los algodones y el olor característico de la sala, así como el sonido de todos los aparatos que cuidaban nuestra vida, y aunque quedan algunos medicamentos y secuelas del tratamiento, llega la oportunidad de mandarle mensajes al cuerpo de que ya estamos listos para despertar, que todos los huesos y músculos vuelvan a sanar. También se envían mensajes al corazón, mensajes de que estamos llenos de gratitud como nunca antes, de amor para dar y compartir con el alma rebozada de esperanza y de fe.

El cuerpo tiene memoria

Yo iba los sábados, en pleno tratamiento, a una fundación de bajos recursos de mujeres con cáncer. Recuerdo perfectamente estar sentada y oír a dos personas hablar detrás mío: "Oíste, querida y vos que eras tan atleta ¿seguiste compitiendo?" … "No, si el cáncer acaba con todo, ya no tengo alientos". Me volteé y la miré y vi que ya tenía su pelo casi a los hombros, es decir, había pasado ya mucho tiempo de estar sana. Me dije a mí misma: "Yo voy a correr, porque ella le está entregando el poder al cáncer y yo no, voy a correr y además toda la vida he querido hacer yoga, pararme de cabeza y también lo haré". Sin duda alguna esa fue una declaración, años después empecé a correr.

Esa mujer me había hecho el gran favor de mostrarme el cómo no darle el poder a la enfermedad y volver a confiar en mi cuerpo. Gracias a ella y la forma como yo aproveché lo que dijo, hoy en día ya he corrido veintiún kilómetros en distintas maratones. También hago yoga y me paro de cabeza. Recuerdo cuando mi marido me cargaba por la casa y veo, con maravilla, cómo el cuerpo vuelve a despertar. Uno decide si se queda con las secuelas de dolor y limitaciones o con las de TODO el amor recibido. Sí, a veces mis exámenes no se ven tan bien como me siento por fuera: me siento mejor que nunca, porque mi corazón y mi cuerpo demuestran que estoy sana y viva.

A uno no le pasan las cosas, uno se dispone a ellas. Todos somos biología y entregamos mensajes al cuerpo. Él mismo va haciendo sus conexiones neuronales y vamos despertando, más poderosos, transformados y agradecidos que nunca.

¿Cómo callar el miedo?

Paola era una familiar de una compañera de mi trabajo que estaba recién diagnosticada de cáncer. Ella estaba muy angustiada y pidió tener un espacio para hablar conmigo. Le dije que me llamara el domingo para hacerlo con calma. Cuando iniciamos la conversación me contó que había recibido su diagnóstico hace pocos días y que estaba pasando por unos días difíciles, la situación que vivimos todos con ese "baldado de agua fría". En medio de la conversación, me dijo que la quimio era horrible, que ese dolor de cabeza, pero que lo peor era el tercer día, que uno se sentía fatal.

— Paola, pero no entendí, ¿tú ya empezaste las quimioterapias? indagué.

— No, dijo ella. Apenas la semana pasada fui diagnosticada.

— ¿Entonces porque me hablas de los efectos secundarios así? Es como si los hubieras vivido.

— Ah, porque yo ya se cómo son, una amiga me contó.

Yo no lo podía creer, ella no había comenzado y ya estaba viviendo todos esos síntomas, ya hablaba incluso en primera persona. Ahí me di cuenta de cómo empezamos a hacerle tan mala fama a la quimio sin siquiera conocerla, cuando, en últimas, es la ciencia la que nos salva con sus medicamentos para enfrentar una enfermedad como el cáncer. ¿Por qué no dejamos que esa persona llegue y se sorprenda sin nuestras creencias y tenga una relación distinta con la quimioterapia? Al escucharla tan convencida, ya mandándole ese mensaje a su cuerpo, sentí que debía reprogramarse, porque si no el cerebro iba a asimilar todo lo no sano de la quimio.

— Paola, ¿tú tienes hijos?

— Sí, un niño de tres años.

La invité a recordar su embarazo, ese momento tan especial de recibir la noticia, cuando lo vio en su primera ecografía, cuando lo sintió moverse por primera vez, cuando su barriga crecía y cuando nació. También el momento cuando podía amamantarlo y esa sensación tan hermosa y como, al despertarse muchas veces en la noche, su olor y su ternura hacían que todo valiera la pena. Ella lo recordó a la par, conmigo, feliz. Sentía en su voz que tenía dibujada, en su cara, una sonrisa.

Ahora, recuerda también cuándo recibiste la noticia y empezaste a sentir ese mareo, las náuseas, no soportabas algunos olores y no querías pararte de la cama. Después empieza a crecer la barriga que trajo de regalo algunas estrías, te dejó sin ropa para usar y llegó a tal punto que te dolía la espalda y se dificultaba dormir. Ni hablar de cuando nació, el dolor de los puntos y la lactancia que incómoda e incluso es dolorosa al comienzo, así como las múltiples despertadas en la noche que interrumpen el descanso. Ella recordó todo eso conmigo mientras se reía.

— Paola, ¿eso que te digo es verdad?

— Totalmente cierto.

— ¿Con cuál de las historias de tu bebé te quieres quedar? ¿Con cuál de ellas te identificas más? Es tú mismo bebé, eres tú la misma mamá, pero solo tú eliges desde dónde quieres vivir tu realidad, si quieres ver "el vaso medio lleno o medio vacío".

Por eso hoy cuento esta historia para que entiendas que es muy importante ser muy cuidadosos e inteligentes con las palabras que usamos para referirnos al tratamiento y cómo nos programamos ante la enfermedad. Como dice el doctor Carlos Jaramillo: "Cuando dejo de culpar a los demás por todo lo que me pasa y me hago responsable de mis decisiones, pensamientos, omisiones, angustias, miedos, etcétera, empiezo a ser el arquitecto de mi vida y no víctima de ella".

El poder de la mente

"La persona con la que yo más hablo es conmigo misma", el diálogo interno que tanto repite Margarita Pasos y que me hace mucho sentido desde que la escuché. Y es cierto, muy cierto, yo nunca había tenido tanto tiempo para hablar conmigo misma como lo tuve durante el tratamiento contra el cáncer.

Pensamos que este tratamiento está todo fuera de nosotros, obvio que el tema científico estará en las manos de los médicos especialistas, pero cómo lo podamos sobrellevar depende única y exclusivamente de nosotros. Entender que a veces somos quienes creamos nuestros propios problemas y asumir esa responsabilidad, nos permite detenernos y redireccionar el rumbo para cambiar la situación.

"Tus pensamientos, emociones y creencias son los que nos activan una cadena de reacciones fisiológicas en tu cuerpo", como dice Joe Dispenza en su libro *El placebo eres tú*.

Por eso mientras estamos en cualquier etapa del tratamiento somos especialmente responsables de lo que pensamos y de qué tanto nos ayudamos o nos hacemos daño. Tú decides qué leer y qué escuchar, de quien rodearte y qué decir en las conversaciones.

Es decir, tú eres el responsable de todas las consecuencias de tus pensamientos y acciones, recuerda que la mente es la torre control a la que tenemos que ponerle el objetivo de salir adelante y ella se encargará de hacerlo más fácil o más difícil, mientras nosotros la alimentemos bien.

Como dice Brian Tracy "Tus pensamientos son lo suficientemente fuertes, terminarán enfermándote o sanándote. Tus pensamientos generan imágenes en tu mente que a su vez generan sentimientos consistentes con esas imágenes. Si piensas o lees cosas felices y saludables, tendrás imágenes mentales felices y saludables, y experimentarás emociones felices y saludables".

Por eso he querido regalarte un espacio al final en este libro para que escribas todos aquellos momentos valiosos, o situaciones que se te van presentando que te conectan con el amor, la esperanza y la vida. Esos rayitos de luz en medio de la oscuridad.

Escríbelos, en estas hojas en blanco, cada que recibas esa llamada, esa noticia, ese regalo. Cada que un abrazo te emocione, disfrutes de una visita o un helado, escríbelo aquí. Pon desde lo más grande hasta lo más pequeño, dale valor a lo que te haga sentir bien. Anota en este diario de agradecimiento todas las razones que tú tienes para agradecer. Recuerda que eres afortunado o afortunada por este regalo mal empacado que recibiste.

En los momentos difíciles, que se van a presentar, cuando tengas rabia, tristeza o angustia, vas a abrir esas hojas y vas a ver porqué dabas las gracias y vas a encontrar mucho sentido en esas cosas. El dolor se irá y te conectarás con la emoción de gratitud y tu cuerpo y biología van a cambiar, porque la mente es muy poderosa y creamos lo que creemos.

Para ti que estás viviendo este proceso, o acompañando a alguien que vive lo mismo, he hecho este video donde te doy un mensaje de luz y esperanza. Lo puedes ver aquí:

Epílogo

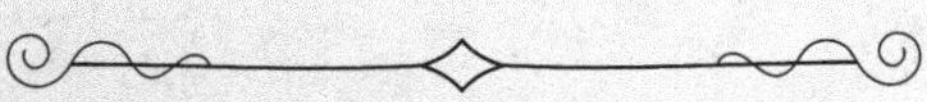

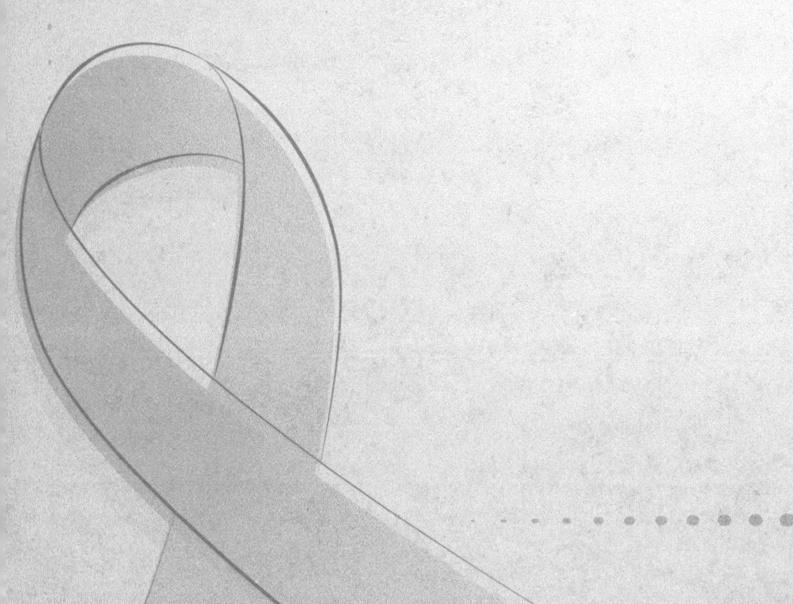

Hemos llegado al final de este libro, nunca imaginé que abrir mi corazón iba a ser algo tan especial. Gracias a este espacio he reído sola, he llorado recordando, pero más aún, me he convencido de los afortunados que somos quienes tenemos la oportunidad de recibir este regalo mal empacado y tocar fondo a la fuerza para así rebotar y ver la vida, de ahora en adelante, desde más arriba y con otros ojos.

Escribir este libro fue muy difícil para mí, pero muy sanador y si para ti que vives o acompañas a alguien con la enfermedad te ha hecho algo de sentido ha valido la pena.

Han pasado muchos años desde mi diagnóstico en el 2013, ha cambiado mucho mi vida desde aquel entonces. Tomé más conciencia del cuidado de mi cuerpo, adelanté los pendientes que tenía para otros días: hablo italiano, corro, me paro en la cabeza y duermo en mi habitación con siete perros. Pero lo más importante, me regalo mucho tiempo para disfrutar de las cosas más simples de la vida.

Vivo en alegría, mi corazón está lleno, a desbordar con el amor de mi esposo, mis hijos, mi familia y mis amigos que me permiten vivir un presente en paz y en perdón.

Si eres un familiar o alguien cercano a un paciente valoro mucho tu esfuerzo de leerlo, dedicar tu tiempo para poder acompañar desde el amor es muy valioso, que afortunada esa persona que puede contar con alguien como tú, eres un ángel que marcará su vida.

A ti como paciente quiero recordarte que eres grande, eres fuerte y poderoso y aunque tu cuerpo esté más o menos cansado, lo más importante es que tu alma y tu corazón estén sanos y en paz para que tu paso por esta vida haya sido mejor para ti y quienes han elegido caminar contigo. No tenemos el control de la cantidad de días que estemos en este plano material, pero sí de la calidad de aquellos que la vida nos permitirá disfrutar. Por eso ten presente que, lo que hagamos hoy será lo que determine nuestro mañana y la forma cómo vivas esta enfermedad será fundamental para determinar si solo "sobrevivimos" a ese tiempo difícil o si prosperamos a pesar de él.

Hoy cuando abrí mis ojos agradecí es-
tar viva, en cuerpo en alma.
Hoy cuando abrí mis ojos agradecí poder terminar
este libro y dejar una parte de mi corazón contigo.

Gracias por haber llegado hasta aquí.
Lina Hinestroza Orozco

Agradecimientos

Agradezco a Dios por permitirme despertar.

A mi esposo y mis hijos porque son mi luz más intensa.

A mis padres, hermanos, a mi familia hermosa que es pura Alegría.

A los médicos porque gracias a ellos estoy viva y me siento sana.

A mis amigos y amigas que me acompañaron y eligieron continuar con la Lina que soy hoy.

A mis compañeras de AlmaRosa porque con ellas puedo soñar y cumplir mi propósito de vida.

Al cáncer porque a él le debo mi feliz despertar.

A Walter Riso y a Papá Jaime que me cuidaron y me acompañaron en la escritura de este libro.

Diario de agradecimiento